Pit Budde · Josephine Kronfli

Regenwald & Dschungelwelt

In Spielen, Liedern, Bastelaktionen,
Geschichten, Infos und Tänzen
die faszinierende Welt der Regenwälder erleben

Illustrationen von Vanessa Paulzen

Ökotopia Verlag, Münster

Impressum

AutorInnen: Pit Budde
Josephine Kronfli
Illustrationen: Vanessa Paulzen
Lektorin: Barbro Garenfeld
Notensatz: Ja.Ro-Music, Taunusstein
Satz: Hain-Team, Weimar
ISBN: 978-3-936286-96-0

2 3 4 5 6 7 8 9 10 • 13 12 11 10

Alle Lieder dieses Buches gibt es auf der CD von Pit Budde und Josephine Kronfli:

Regenwald & Dschungelwelt

ISBN: 978-3-936286-97-7

Unser besonderer Dank gilt:
Joe Martin vom Volk der Tla-o-qui-aht für seine Führung durch den Regenwald und seine Gastfreundschaft; Tsimka Martin für ihre Nuh-Chah-Nulth-Lieder; Julie Draper für Inspiration und „Taino Tee“; den Friends of Clayoquot Sound für den langen Atem; Brian Zanji für Spiele und Lieder, Hukwe Zawose für sein phantastisches Ilimba Spiel; Ellen Baron und Eva Bellwied für ihre Hilfe, Georg Gerwing für spannende Bücher, Marimba für schöne Instrumente; Rettet den Regenwald e.V., Jochen Manse für seine Führung durch den Nebelwald, Rudolf Blauth für die gute Zusammenarbeit.

Inhaltsverzeichnis

Vorwort

Seit vielen Jahren ist die Bedrohung und Zerstörung der Regenwälder ein akutes Thema in den Medien. War der „Dschungel" einst exotisches Ziel von Abenteurern und beliebtes Thema von Abenteuerromanen, so werden heute völlig unterschiedliche Interessen und Begriffe mit dem Regenwald in Verbindung gebracht: Artenvielfalt, Biodiversität, Ökotourismus, Globale Klimaveränderung, genetische Ressourcen, Genpiraterie, Kahlschlag, Völkermord und Vertreibung. Sicher ist, der Regenwald wird uns auch in Zukunft beschäftigen, ob im Positiven oder Negativen. Wer den Regenwald von Innen erlebt hat, wird die Rechenspiele multinationaler Holz-, Pharma- und Fleischkonzerne kaum verstehen. Sie betrachten den komplexen Lebensraum Regenwald als Selbstbedienungsladen für ihre Geschäftsinteressen. Ein Urwaldriese aus dem Primärwald bringt auf dem Weltmarkt immensen Gewinn: Er landet als leuchtender Farbprospekt auf unserem Frühstückstisch, als Serviette im Restaurant oder als Brett im Baumarkt. Der Extrakt einer Heilpflanze aus dem traditionellen Wissen der Schamanen wird patentiert und weltweit als Medikament gewinnbringend verkauft. Für den Abbau von Bodenschätzen werden Straßen durch den Urwald geschlagen, weite Flächen zerstört, die Ureinwohner vertrieben, die Tiere getötet.

Vor diesem seit Jahrzehnten andauernden Raubbau dürfen wir die Augen nicht verschließen. Trotzdem fällt es uns schwer einzugreifen und diesem Wahnsinn, der die Zukunft unserer Kinder und des ganzen Planeten gefährdet, ein Ende zu machen. Zu mächtig sind die „Global Player", zu wenig erfahren wir von der Zerstörung durch eigenes Erleben. Und doch ist es von großer Wichtigkeit, gerade den Kindern den Regenwald mit all seinen Bewohnern nahe zu bringen. Sie müssen die unglaubliche Vielfalt des Lebens kennen lernen, um zu erfahren, warum der Regenwald so schützenswert ist. Die Faszination, die von den Tieren und Pflanzen ausgeht, steht dabei sicherlich an erster Stelle. Die Lebensweisen, Spiele, Lieder und Tänze der Regenwaldvölker sind ein weiterer Baustein.

Es gibt viele Organisationen, die sich für den Erhalt der Regenwälder einsetzen. Diese gilt es zu unterstützen bei ihren Aktivitäten und Verhandlungen mit Regierungen und Konzernen.

Jeder von uns kann ein kleines Stück Regenwald kaufen, um so einen Beitrag zum Schutz der Heimat von Orang-Utan, Tukan und Gorilla zu leisten.

Mit diesem Buch und der gleichzeitig erscheinenden CD wollen wir Kinder und Erwachsene für die Regenwälder dieser Welt interessieren und begeistern. Wir möchten sie dazu anregen, selbst einmal den Regenwald als Ökotouristen zu besuchen. So hoffen wir, gemeinsam einen kleinen Schritt zum Erhalt dieser einzigartigen Lebensräume zu gehen.

Der Regenwald – die „grüne Lunge" der Erde

Der Regenwald, die „grüne Lunge" der Erde, erstreckt sich in einem breiten Gürtel längs des Äquators rund um den Globus. Wie ein grüner Ozean bedecken die Regenwälder in Südamerika eine durchgehende Fläche von 1000 km nördlich bis 1000 km südlich des Äquators. Auf dem afrikanischen Kontinent bedeckte der Regenwald ursprünglich riesige Gebiete vom westafrikanischen Kamerun bis hin zum Indischen Ozean. Das dritte große Regenwaldgebiet der Tropen umfasst in Südostasien Teile Indiens, Burma, Thailand, die malaysisch-indonesischen Inseln und Neuguinea. In diesen tropischen Regenwäldern herrscht ein feuchtheißes Klima mit über 2000 mm Niederschlag im Jahresmittel. Sie zeichnen sich durch eine unvorstellbare Artenvielfalt aus.

Ein gänzlich anderer Regenwald wächst fernab des Äquators. Größere zusammenhängende Gebiete dieses „Gemäßigten Regenwaldes" existieren an der Westküste Nordamerikas, im Süden Chiles sowie auf Tasmanien und in Neuseeland. Diese Wälder zeichnen sich durch eine gewaltige Produktivität ihrer Biomasse, aber nicht durch eine besondere Artenvielfalt aus.

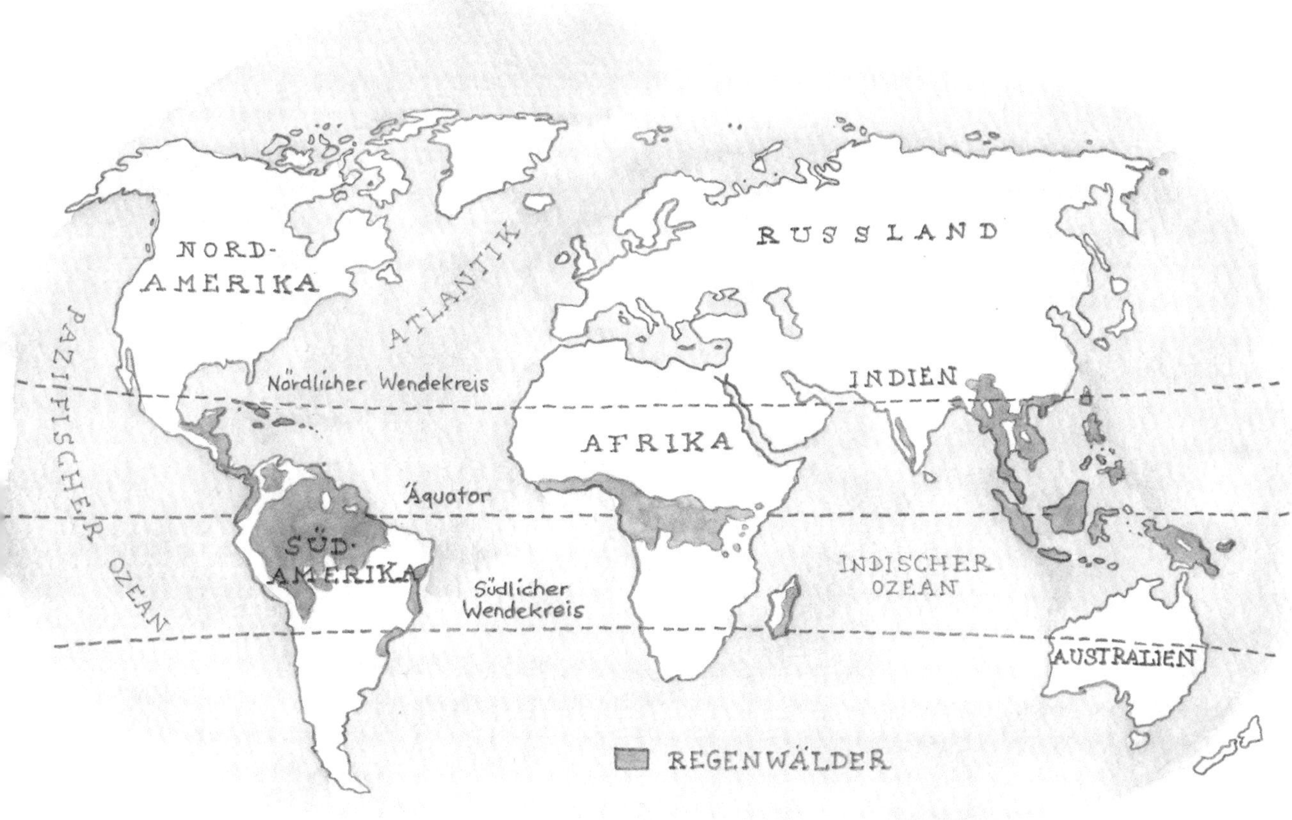

Was ist ein tropischer Regenwald?

In den tropischen Zonen, in der Nähe des Äquators, erreicht die Sonneneinstrahlung ihre höchste Intensität. Mindestens zweimal im Jahr scheint sie dort während der Mittagszeit senkrecht auf die Erde. Weder Menschen noch Tiere werfen dann einen Schatten. Die senkrecht auftreffenden Strahlen besitzen sehr viel Kraft und erzeugen eine enorme Hitze. Die sich so an der Erdoberfläche entwickelnde heiße Luft steigt auf, der dadurch entstehende niedrige Luftdruck erzeugt von beiden Seiten stark einziehende Winde, die die fehlende aufgestiegene Heißluft ersetzen. Diese Passatwinde wehen vom Meer und sind mit Feuchtigkeit gesättigt. Da aufsteigende Luft in zunehmender Höhe abkühlt, bildet sie Wolken. Diese werden vom Wind teilweise fortgetragen und bringen den Regen in entfernte Gebiete. Ein anderer Teil regnet während starker Gewitter direkt über dem Regenwald ab. Dabei erzeugt der tropische Regenwald den größten Teil seiner Niederschläge selbst. Zwei Kreislaufsysteme versorgen den immergrünen Urwald mit Wasser.

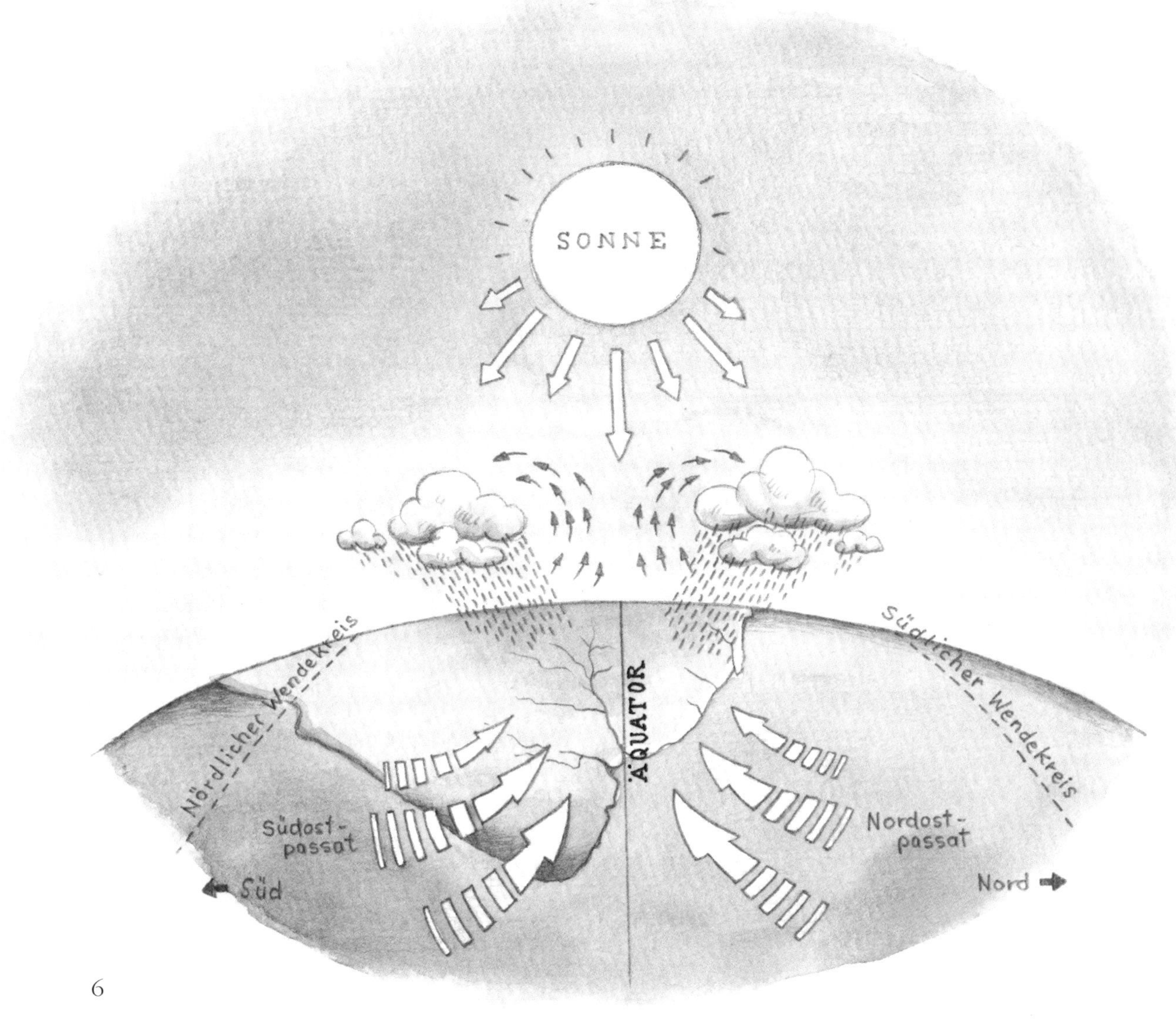

Der kleine Wasserkreislauf
Die Bäume müssen sich gegen die senkrecht stehende Sonne vor starker Sonneneinstrahlung schützen. Um sich abzukühlen, verdunsten sie Wasser über die Oberfläche ihrer Blätter. Die anschließend aufsteigende Feuchtigkeit bildet in der Atmosphäre Wolken, die zum größten Teil wieder über dem Regenwald abregnen. Durch diesen Kreislauf bestreitet der Regenwald 75 % seines Wasserhaushalts. Doch die Zirkulation des Wassers wird nur dort aufrechterhalten, wo es große, zusammenhängende Regenwälder gibt. Ist der Regenwald zerstört, wird auch der Wasserkreislauf massiv unterbrochen.

Der große Wasserkreislauf
Die Passatwinde bringen nicht nur Nährstoffe aus der weit entfernten Sahara zum südamerikanischen Kontinent, sondern auch Wasser vom Atlantischen Ozean. Etwa ein Viertel des über dem Atlantischen Ozeans verdunsteten Wassers regnet anschließend auf den tropischen Regenwald. Das ist in etwa die gleiche Menge, die den tropischen Regenwald verlässt und Regen in andere Regionen bringt.
Die durch Verdunstung gebildeten Wolkendecken wirken rund um den Tropengürtel wie ein riesiger Sonnenschirm. Sie schützen nicht nur die Pflanzen vor Hitze und Verbrennung, sondern beeinflussen darüber hinaus das globale Klima.

Ein Millionen Jahre alter Wald

Das feuchtwarme Klima gepaart mit einer relativ stabilen Temperatur von 20 bis 28 °C und regelmäßigen, hohen Niederschlägen war die Voraussetzung für die Entstehung und Ausbreitung des tropischen Regenwaldes. Viele Millionen Jahre hat der tropische Regenwald gebraucht, um sich so zu entwickeln, wie wir ihn heute kennen. Seine Kernzonen überstanden unbeschadet alle großen Klimaschwankungen sowie das An- und Absteigen der Meeresspiegel in der Geschichte. Die Natur hat die Zeit genutzt und in den Regenwäldern eine bis heute unbekannte Anzahl von Tieren und Pflanzen geschaffen.
Geographisch liegen die Tropen in einer Ausdehnung von 4,8 Milliarden Hektar zwischen dem nördlichen und dem südlichen Wendekreis. Obwohl die Tropen nur 37 % der gesamten Landfläche der Erde bedecken, beherbergen sie gut 50 % aller Wälder. Von diesen tropischen Wäldern sind in den vergangenen 50 Jahren viele für immer vernichtet worden. Bedeckten die Regenwälder einst etwa 20 % der globalen Landfläche, sind es heute nur noch schätzungsweise sieben Prozent.
Nicht nur das komplexe Ökosystem des Regenwaldes und der Regenwald selbst werden heute im Handumdrehen vernichtet, auch die dort lebende indigene (einheimische) Bevölkerung ist bedroht. Mit der Vernichtung des Regenwaldes werden ihr Lebensraum, ihre Kulturen, ihre in engem Zusammenhang mit dem Wissen über die ökologischen Zusammenhänge stehenden Traditionen für immer zerstört. Stirbt der Regenwald, sterben auch die indigenen Völker. Mit ihnen geht unschätzbares Wissen über den Regenwald verloren.
Die Existenz der Regenwälder ist auch für uns in Europa überlebenswichtig. Wird der Regenwald zerstört, hat dies eine verheerende Wirkung auf das globale Klima. Außerdem werden unzählige Tier- und Pflanzenarten aussterben, von denen der größte Teil noch nicht einmal entdeckt wurde. Viele Substanzen und Wirkstoffe, die für die Menschheit aus medizinischen Gesichtspunkten von großem Nutzen sind, werden für immer verloren sein.

Die Flügel des Schmetterlings

Am Ufer des Amazonas auf einer Lichtung im tiefen Urwald lebte das Mädchen Chimidyue. Sie wohnte mit ihrer Familie und einigen Verwandten in einem Maloka-Großhaus.

Während die Jungen mit den Männern fischten und zur Jagd gingen, half sie zusammen mit den anderen Mädchen den Frauen beim Kochen und bei der Feldarbeit. Wie alle Mädchen ging Chimidyue nie allein in den Wald. Sie wusste, dort leben viele gefährliche Tiere und bösartige Geister, und man konnte sich sehr schnell im Urwald verirren.

Trotzdem, wenn die Alten ihre Geschichten aus dem Wald erzählten, hörte sie mit weit geöffneten Augen zu. Manchmal ging sie dann ein kleines Stück in den Wald hinein, staunte über die gewaltigen Bäume und fragte sich: „Was mag sich dort drinnen alles verbergen?“

Eines Tages saß Chimidyue im Schatten und flocht einen Korb, als ein großer Morpho-Schmetterling vor ihren Augen durch die Luft schaukelte. Das Sonnenlicht tanzte auf seinen blau schimmernden Flügeln.

„Du bist das wunderbarste Geschöpf der ganzen Erde“, sagte das Mädchen verträumt. „Ich wollte, ich wäre wie du.“

Der Schmetterling bewegte sich so, als stimme er ihr zu und flog schaukeln zum Ende der Lichtung. Chimidyue stellte ihren halb fertigen Korb zur Seite, lief hinter dem Schmetterling her und versuchte seinen schaukelnden Flug nachzuahmen. Sie folgte ihm in den Schatten der Bäume, hüpfte, drehte sich mit ausgestreckten Armen im Kreis und schlug mit ihnen, als wären es Flügel.

Lange tanzte und spielte sie. Doch plötzlich verschwand der Schmetterling hinter einem gewaltigen Baum. Chimidyue schaute sich um. Sie war viel zu weit in den Wald gegangen. Es gab keinen Weg und die Blätter der großen Bäume bildeten ein undurchdringliches Dach, durch das sie nicht einmal die Sonne sehen konnte. Sie wusste nicht, aus welcher Richtung sie gekommen war.

In ihrer Verzweiflung rief sie: „Vater, Mutter, ist denn hier niemand?“ Doch kein Mensch hörte sie.

Chimidyue suchte verzweifelt nach einem Weg, als sie von weitem Geräusche hörte. „Tok Tok Tok“, klang es aus der Ferne. Und dann wieder: „Tok Tok Tok“.

„Irgendjemand scheint hier im Wald zu arbeiten“, dachte sie und lief schnell in die Richtung, aus der das Geräusch zu hören war. Doch es war nur ein Specht, der auf einen Baumstamm trommelte.

Verzweifelt sagte Chimidyue: „Wärst du doch ein Mensch, ich könnte dich nach dem Weg fragen.“

„Warum muss ich dazu ein Mensch sein?“, fragte der Specht erbost. „Ich könnte dir den Weg ohne Probleme zeigen.“

Verwirrt und doch glücklich darüber, dass ein Specht mit ihr sprach, fragte sie: „Oh, würdest du das tun?“

Doch der Specht erwiderte: „Siehst du nicht, dass ich beschäftigt bin? Ihr Menschen seid so überheblich, ihr denkt, alle Wesen müssten euch bedienen. Doch im Wald ist ein Specht genau so viel wert wie ein Mensch.“ Und schon flog er davon.
„Ich wollte doch nichts Böses sagen“, dachte Chimidyue bei sich. „Ich möchte nur nach Hause.“ Betrübt ging sie tiefer in den Wald hinein.
Plötzlich sah sie ein Großhaus, vor dem eine alte Frau eine Hängematte webte. „Sei gegrüßt, Großmutter“, rief sie. „Ich bin so glücklich, dich hier zu sehen. Ich dachte schon, ich würde nie wieder einen Menschen treffen.“
Doch beim nächsten Schritt hoben sich das Haus und die Frau in die Lüfte und schwangen sich mit großen Flügeln auf einen Ast. Es war ein Tinamou-Vogel, der sich verwandelt hatte.
„Sag nicht Großmutter zu mir“, schimpfte der Vogel. „Wie viele von meinen Freunden und Verwandten hat deine Familie getötet? Wie viele von uns sind in euren Kochtöpfen gelandet? Wie kommst du darauf, dass ich dir helfe?“
Vor Wut schnaubend flog der Tinamou davon.
„Alle Tiere scheinen mich zu hassen“, dachte Chimidyue bekümmert. „Ich kann doch nichts dazu, dass ich ein Mensch bin.“
Chimidyue wanderte weiter, hoffnungslos und hungrig. Da fiel ihr plötzlich eine Frucht vor die Füße. Gierig schlang sie das Obst herunter. Und schon wieder fiel eine Frucht zu Boden. Sie schaute nach oben und sah eine Gruppe Affen, die in den Baumkronen die Früchte pflückte und aß. Dann und wann fiel eine zu Boden. Chimidyue folgte den Affen und aß, was immer zu Boden fiel. Sie war so sehr beschäftigt, dass sie nicht merkte, wie der Tag sich verabschiedete und Dunkelheit den Wald bedeckte. Im Zwielicht konnte sie gerade noch erkennen, wie die Affen langsam zur Erde herabkletterten.
Auf dem Boden angekommen, verwandelte sich jeder von ihnen in einen Menschen. Chimidyue traute ihren Augen nicht. Im Nu war sie von den Affenmenschen umringt. „Schaut mal“, rief ein Affe mit freundlicher Stimme. „Es ist Chimidyue. Was tust du hier?“
Das Mädchen stotterte: „Ich bin hinter einem Schmetterling hergelaufen. Jetzt habe ich mich im Wald verirrt und finde nicht mehr nach Hause zurück.“
„Armes Mädchen“, sagte eine Affenfrau. „Hab keine Angst, wir bringen dich morgen hin.“
„Vielen Dank“, schluchzte Chimidyue. „Aber wo bleibe ich heute Nacht?“
„Warum begleitest du uns nicht zur großen Feier? Der Affenkönig hat uns eingeladen.“
Und so ging sie mit den Affen. Bald erreichten sie ein gewaltiges Großhaus. Als der Affenkönig das Mädchen erblickte, fragte er sie schroff: „Mensch, wie kommt es, dass du uneingeladen hier erscheinst?“ – „Wir haben sie gefunden und mitgebracht“, erwiderte die Affenfrau. Der Affenkönig schnaubte, sagte aber nichts mehr. Doch das Mädchen zitterte, als es seinen Blick auf sich spürte.
Nach und nach trafen viele weitere Affen auf dem Festplatz ein, alle in Menschengestalt. Einige hatten sich als wilde Tiere verkleidet, andere die Gesichter mit

Masken bedeckt, wieder andere hatten Körper und Gesicht bemalt. Alle tranken Maniokbier aus großen Kalebassen, das sind ausgehöhlte Kürbisschalen.

Die ersten Affen erhoben sich und der Tanz begann. Einige trommelten, andere hielten Rasseln in ihren Händen, manche spielten Melodien auf Knochenflöten oder sangen mit sanften Stimmen.

Chimidyue beobachtete das Treiben mit immer größerem Staunen. „Es ist genau so wie die Feiern bei meinem Volk", dachte sie bei sich.

Später in der Nacht schliefen alle in ihren Hängematten. Doch Chimidyue konnte nicht einschlafen. Der Affenkönig schnarchte zu laut und sie glaubte, schreckliche Worte zu hören: „Ich werde das Mädchen fressen. Ich werde das Mädchen fressen."

„Großvater", rief sie verängstigt.

„Was ist los?", fragte der Affenkönig schlaftrunken.

„Ich bin es, Chimidyue. Du hast gerade schreckliche Worte im Schlaf gesprochen. Du hast gesagt, du willst mich fressen!"

„Warum sollte ich das sagen?", erwiderte der Affenkönig. „Affen fressen keine Menschen, das weißt du doch." Er drehte sich zur Seite und schlief weiter.

Doch schon bald hörte sie wieder die Worte: „Ich werde das Mädchen fressen. Ich werde das Mädchen fressen." Sie kroch näher und erschrak. Der Affe hatte seine Menschenform verloren und verwandelte sich in einen großen Jaguar!

Rasch wie der Wind und leise wie eine Eule glitt sie aus der Hängematte und rannte, so schnell sie konnte, davon.

Nach einer Weile schimmerte das erste Tageslicht durch die Baumkronen. Chimidyue setzte sich auf einen Stein und schnappte erschöpft nach Luft.

„Ich hasse diesen Wald!", sagte sie laut.

„Bist du sicher?", fragte ein dünnes Stimmchen. Chimidyue rieb sich die Augen. Auf dem Ast des Kapok-Baumes saß ein riesiger Morpho-Schmetterling, der größte, den sie je gesehen hatte. Er winkte ihr mit seinen blau schimmernden Flügeln zu.

„Großmutter", sagte das Mädchen. „Nichts hier ist, was es zu sein scheint. Alle verwandeln sich in etwas anderes."

„Liebe Chimidyue", sagte der Schmetterling mit sanfter Stimme. „So ist der Wald nun mal. Unter deinen Leuten ändert sich alles nur sehr langsam und ist meist das, was es zu sein scheint. Aber eure Menschenwelt ist sehr, sehr klein. Um euch herum gibt es eine viel größere Welt, und die verhält sich nicht wie eure."

„Aber wenn ich den Wald nicht verstehe", weinte das Mädchen, „wie kann ich dann jemals nach Hause finden?"

„Ich werde dir den Weg zeigen", sagte der Schmetterling.

„Oh Großmutter, das würdest du für mich tun?", fragte Chimidyue.

„Natürlich, folge mir." Und der Schmetterling flog behutsam davon.

Schon bald erreichten sie das Ufer des Amazonas. Zu ihrem großen Erstaunen lagen die Boote ihres Volkes auf der anderen Seite des Flusses.

„Ich habe den Fluss überquert, ohne es zu bemerken", staunte das Mädchen. „Aber das ist unmöglich!"
„Unmöglich?", lachte der Schmetterling.
„Ich meine", verschluckte sich Chimidyue, „ich verstehe nicht, wie das geschehen konnte. Wie komme ich denn nun zurück auf die andere Seite?"
„Nichts leichter als das", sagte der Morpho. „Ich verwandele dich in einen Schmetterling."
Dann hob er die Stimme zu einem leisen, nicht enden wollenden Gesang:
„Blaue Flügel über den Hügel, über den Fluss und durch den Wald.
Flieg zu Blumen und trinke den Tau."
Chimidyue spürte, wie ihr Körper schrumpfte, wie sie immer leichter wurde und ihre Arme größer und dünner. Bald schon schaukelte sie neben ihrem Freund am Rande des Flusses.
„Ich bin ein Schmetterling", rief sie. Beide flatterten auf die gewaltige Wasserfläche, ihre Flügel schimmerten wie Edelsteine in der Sonne.
„Ich fühle mich so leicht und glücklich", sagte Chimidyue. „Ich wünschte, dieses Gefühl würde nie enden."
Doch es dauerte nicht lange, da erreichten sie das gegenüber liegende Ufer. Chimidyue landete auf dem Boden und war wieder sie selbst.
„Ich werde dich hier verlassen", sprach der Schmetterling. „Lebe wohl, Chimidyue."
„Großmutter", rief das Mädchen, „nimm mich mit dir. Ich möchte für immer ein Schmetterling sein."
„Das wäre nicht richtig", erwiderte der Schmetterling. „Du gehörst zu den Menschen, die dich lieben und für dich sorgen. Doch sei nicht traurig. Für eine kurze Zeit warst du eine von uns. Ein Teil des Waldes wird für immer in dir sein."
Das Mädchen winkte, als der Schmetterling davonflog.
Dann drehte sich Chimidyue um und ging nach Hause. Doch ihr Herz besaß jetzt Flügel wie ein Schmetterling.

Drei blaue Morphos

Nr. 24
(T & M: Pit Budde)

Ein besonders berühmter Regenwald-Schmetterling ist der blaue Morpho aus Südamerika. Seine Flügel leuchten in einem Blau, das sogar im dichten dunklen Regenwald aus weiter Entfernung zu sehen ist.

Drei blaue Morphos fliegen um den Baum.
Der erste schaut mir in die Augen, ja das glaubst du kaum.
Drei blaue Morphos sitzen auf 'nem Blatt.
Der zweite sucht sich eine Blüte, isst sich am Nektar satt.
Drei blaue Morphos, die leuchten wie ein Schatz.
Der dritte ruht sich aus und sitzt auf meinem Platz.

Three morpho butterflies gliding through the trees.
The first one swooped to take a look at me!
Three morpho butterflies sitting on a leaf.
The second one was trying to eat something sweet!
Three morpho butterflies flitting all about.
The third one landed on my snout!

Material: Stühle (1 Stuhl weniger als die Anzahl der spielenden Kinder)
Alter: ab 4 Jahren
Anzahl: mindestens 6 Kinder

Die Stühle willkürlich im Raum verteilen. Darauf achten, dass für die Kinder eine große offene Fläche zur Verfügung steht, auf der sie sich frei bewegen können.

Die Kinder stellen sich im Kreis auf. Sie singen das Lied und bewegen sich dem Text entsprechend:

1. Zeile: Die Kinder bewegen sich im Kreis und schwingen die Arme und ahmen so die Flugbewegungen der großen Morpho-Schmetterlinge nach.

2. Zeile: Am Ende der 2. Zeile schaut jedes Kind seinem unmittelbaren Nachbarn in die Augen.

3. Zeile: Die Kinder gehen in die Hocke.

4. Zeile: Sie saugen den Nektar aus einer imaginären Blüte.

1. Zeile: Die Kinder stehen auf und bewegen sich wie am Anfang im Kreis.

5. Zeile: Am Ende der Zeile, beim Wort „Platz“, flitzen alle Kinder zu den Stühlen und versuchen, sich auf einen zu setzen.

Nach jeder Runde verlässt das Kind, das keinen Stuhl erwischt hat, das Spiel.

Das Ökosystem tropischer Regenwald

Schon vor etwa 20 Jahren glaubten Wissenschaftler, weltweit seien mindestens 50 % aller Tier- und Pflanzenarten in den Regenwäldern beheimatet. Nach neueren Erkenntnissen gehen die Schätzungen inzwischen so weit, in den Regenwäldern bis zu 90 % aller Arten zu vermuten. Von den weltweit bisher bekannten 248 000 Arten höherer Pflanzen kommen mindestens zwei Drittel in tropischen Regenwäldern vor, die meisten davon in Amazonien.

Untersuchungen haben gezeigt, dass 100 bis 500 Baumarten auf einem Hektar Feuchtwald keine Seltenheit sind. Zum Vergleich: Ein gemischter Hartholzwald im Nordosten der USA bringt es gerade auf 17 Arten pro Hektar. In Mitteleuropa ist diese Zahl sogar noch geringer.

Ein Beispiel: In einem einzigen untersuchten Regenwaldbaum wurden fast 1000 Käferarten entdeckt. Diese enorme Artenvielfalt bedeutet allerdings auch eine vergleichsweise geringe Anzahl von Individuen der einzelnen Arten. Größere Säugetiere sind rar, Vögel leben in sehr kleinen Populationen, und selbst Bäume ein und derselben Art bilden keineswegs die aus unseren Forsten vertrauten Monokulturen. Die hohe Artenvielfalt, verbunden mit einer geringen Anzahl ist wiederholt in den Regenwäldern dokumentiert worden. Das Ergebnis solcher Untersuchungen, etwa im brasilianischen Amazonien, hat gezeigt, dass die Mehrzahl der Baumarten nur mit ein oder zwei Individuen auf der untersuchten Fläche vertreten waren. Weniger als zehn Prozent brachten es auf mehr als vier Bäume pro Hektar. Einer der wichtigsten Merkmale des Regenwaldes ist also: **Reich an Arten, arm an Individuen!**

Warum ist das so? Die Antwort liegt im überraschend begrenzten Nahrungsangebot. Regenwälder müssen mit ihren Nahrungsressourcen haushalten. Sie produzieren kaum Überschuss, von dem Konsumenten zehren könnten, und investieren in die eigene Entwicklung. Der Wald behält und erhält die Substanzen, die er umsetzt, weitergibt, zurückgewinnt und wiederverwertet. Während es an Kohlenhydraten nicht mangelt, fehlt es an Eiweißverbindungen und Mineralsalzen. Das „zwingt" evolutionsbiologisch gesehen das Ökosystem zu einem haushaltenden Umgang mit den Nährstoffen. Die Zyklen sind nahezu vollständig in sich geschlossen. Nährstoffe zirkulieren in der lebendigen Biomasse ohne Anhäufung im Boden und ohne nennenswerten Nachschub aus den tiefgründig ausgewitterten Böden.

Ein weiteres, wenigstens teilweise wissenschaftlich untersuchtes typisches Merkmal der Regenwälder ist ihr komplexes System, in dem fast jede Art andere unterstützt und von anderen profitiert. Daraus resultiert eine starke gegenseitige Abhängigkeit.

Tropische Bäume stehen mit einer ganzen Reihe von Tieren in enger Beziehung. Die Spanne reicht von winzigen Käfern über kleine Mücken und Bienen bis hin zu Fledermäusen, die Pollen von Baum zu Baum transportieren. Diese Beziehung kann so eng sein, dass allein eine Insektenart für die Bestäubung einer bestimmten Baumart zuständig ist.

Solche einzigartigen Verbindungen zwischen Pflanzen und Tieren sind in den tropischen Wäldern der Regelfall. Die große Mehrheit tropischer Bäume ist bei der Bestäubung ausschließlich auf Tiere angewiesen. Eine Studie aus dem Flachland-Regenwald von Costa Rica belegt, dass dort 139 der 143 entdeckten Baumarten von Tieren bestäubt wurden. Daraus ergibt sich eine einfache Schlussfolgerung: keine Bestäuber – keine Früchte; keine Früchte – keine neuen Sprösslinge; keine neuen Sprösslinge – kein Fortbestehen der betroffenen Baumart.

Wird eine Käfer- oder Fledermausart ausgerottet, kann in der Folge eine Baumart für immer verschwinden, die wiederum alleiniger Lebensgarant für bestimmte Aufsitzerpflanzen, Moose, Pilze, Insekten oder Vögel ist.
Viele Menschen haben die Vorstellung, der Regenwald sei ein undurchdringlicher Dschungel, den ein Mensch nur mit Hilfe einer Machete durchqueren kann. Der Regenwald ist jedoch nur am Rand dicht bewachsen. Im Inneren des Waldes ist es dunkel, warm, feucht und windstill. Der Boden ist spärlich bewachsen und man findet kaum Unterholz. Wie eine grüne Decke schließt das Kronendach die Luftfeuchtigkeit unter sich ein und lässt kaum Sonnenstrahlen bis zum Boden hindurch. Es gibt noch weitere typische Merkmale für die Regenwälder. Sie sind in bis zu fünf verschiedene Stockwerke gegliedert, während Wälder in den gemäßigten Zonen maximal drei haben.

Der stille Regenwald

Der Regenwald ist, anders als sich das viele Menschen vorstellen, meist still. Im unteren Bereich sind größere Tiere selten und bewegen sich leise. Um Tiere zu beobachten ist es sinnvoll, sich an eine günstige Stelle zu setzen und still zu warten. Nach und nach werden dann die Ohren auch das leiseste Geräusch in der Nähe wahrnehmen.

Alter: ab 4 Jahren
Anzahl: mindestens 6 Kinder

Die Kinder setzen sich in einem geschlossenen Raum im Kreis auf den Boden. Sie warten auf die Tiere, daher dürfen sie nicht sprechen und sich nur lautlos bewegen. Ist Stille eingekehrt, erzeugt ein Kind ein sehr leises Geräusch. Es reibt mit dem Zeigefinger über die Innenseite des anderen Zeigefingers. Es lehnt sich zum Kind zu seiner Rechten, das dieses Geräusch aufnimmt, nachahmt und sich zum rechts neben ihm sitzenden Kind wendet.
Ist das Geräusch wieder beim ersten Kind angelangt, reibt es mit dem rechten Zeigefinger über die Außenseite des linken Zeigefingers und dieses Geräusch macht die Runde.
In jeder Runde wird das Geräusch lauter, bis das Spiel mit einem Trommelgewitter auf den Knien endet.

Wer lebt in welchem Stockwerk?

Erdgeschoss

In der untersten Etage wächst eine nur schwach entwickelte Krautschicht, da nur etwa 0,1–0,5 % der auf das Kronendach treffenden Sonnenstrahlen bis zum Waldboden vordringen. Die Wurzelsysteme der großen Bäume sind aufgrund des oberirdischen Nährstoffangebotes unterirdisch flach ausstreichend. Als statische Hilfe und zur ökologischen Anpassung an die Bodenverhältnisse bilden sie Brett- oder Stelzwurzeln aus. Hier leben nur Pflanzen, die sich an das Dämmerlicht angepasst haben, z. B. Usambaraveilchen und Begonien. Viele Pflanzen haben große Blätter, um das geringe zu ihnen durchdringende Sonnenlicht so wirksam wie möglich zu nutzen.

Es wächst hier kaum Nahrung für Pflanzen fressende Tiere, weswegen nur wenige von ihnen im Erdgeschoss leben. Große Raubtiere wie Jaguar und Leopard sind ebenfalls sehr selten, da sie wenig Beute finden. Sie verteilen sich über weite Gebiete, um nicht miteinander konkurrieren zu müssen. Manche Arten, wie das Okapi, rupfen Laub von niedrigen Bäumen, andere, wie der Waldelefant, suchen Lichtungen auf, um an ausreichend Futter zu gelangen. Wieder andere, wie Zwergflusspferd und Capybara, leben in Flüssen, in denen sie ausreichend Wasserpflanzen zum Fressen finden.

Die meisten Säugetiere im Erdgeschoss, wie Ducker-Antilopen und Moschusböckchen, sind eher klein. Sie haben kleine Mägen und sind schnell satt. In dem wenigen Unterholz können sie sich dank ihrer geringen Größe gut vor Raubtieren verstecken.

Sehr viele wirbellose Tiere, insbesondere Insekten wie Termiten und Ameisen, leben im Erdgeschoss. Termiten verdauen Holz und sind in der Lage, tote Äste und Stämme schnell zu zersetzen. Gefürchtet sind die Millionenheere der Treiberameisen. Sie ziehen in endlos wirkenden Bändern durch den Wald und vertilgen alles auf ihrem Weg. Ihre normale Beute sind Spinnen, Tausendfüßler und Insekten, doch fressen sie auch kleine Säugetiere und Reptilien bei lebendigem Leib. Tauchen Treiberameisen auf, hilft nur noch die schnelle Flucht. Andere gefährliche Bodenbewohner sind Giftschlangen, aber auch große Mengen Blutegel. Im feuchtwarmen Klima des Regenwaldbodens können diese Wasserbewohner gut an Land leben.

Obergeschoss

Im mittleren Obergeschoss sind die Pflanzen durch die geringe Sonneneinstrahlung kleinwüchsig und besitzen breitere Blätter, um die Sonnenenergie effektiv nutzen zu können. Hier wachsen Palisander und Balsa, Kletter- und Würgepflanzen, Farne und Stauden. Es ist die Heimat größerer Raubtiere wie Jaguar und Leopard, aber auch verschiedener Amphibien und Reptilien wie Baum- und Pfeilgiftfrosch, Leguan und zahlreicher Insekten.

Das hellere Obergeschoss bildet ein geschlossenes Dach mit mehr oder weniger gleich großen Bäumen. Sie sind 15 bis 45 m hoch. Ihr Dach aus kleinen Blättern ist so dicht, dass man darunter selbst starken Regen erst nach einigen Minuten bemerkt, wenn die Wassertropfen nach und nach durch diesen grünen Teppich sickern. Das Blätterdach ist lichtdurchflutet, lässt aber wenig Sonnenlicht nach unten durch. Temperatur, Windgeschwindigkeit und Luftfeuchtigkeit wechseln hier viel stärker als in den unteren Etagen. In diesem Bereich leben etwa zwei Drittel aller Tier- und Pflanzenarten des Regenwaldes. Blüten, Früchte und Blätter sind als Nahrung für die Tiere im Überfluss vorhanden. Allerdings müssen sie klettern oder fliegen, um an ihre Nahrung zu gelangen.

Die auffälligsten Säugetiere im Blätterdach sind sich artistisch fortbewegende Affen, die oft ihren Greifschwanz als zusätzliche „Hand“ benutzen. Hier leben außerdem Faultiere, zahlreiche Vogelarten wie Tukane, Aras, Kolibris und Nektarvögel, Frösche, Schlangen, Schmetterlinge und eine unermessliche Vielzahl an Insekten. Sogar typische Bodenbewohner wie Tausendfüßler, Skorpione und Schaben sind im Blätterdach beheimatet. Im Humus, der sich in den Astgabeln sammelt, leben in luftiger Höhe sogar Regenwürmer.

Dachgeschoss

Die Kronen der höchsten Bäume oder Überständer, wie Mahagoni und Meranti, stehen isoliert und überragen das geschlossene Dach des Regenwaldes. Ihre Kronen schauen wie Inseln aus dem Blättermeer der grünen Etagen hervor. Sie erreichen eine Höhe von bis zu 70 m. Ihre mächtigen Stämme können am Boden einen Durchmesser von fünf Metern besitzen.

Die Kronen der Überständer sind so hoch, dass sie nur von wenigen Tieren erreicht werden. Sie sind nur schwach besiedelt, meist mit Tieren aus dem Obergeschoss wie Adlern, der Harpye, Affen, Schmetterlingen und Fledermäusen.

Jedes der Stockwerke bildet eine eigene Welt mit typischen Bewohnern. Sie sind jeweils an die Lichtmenge, die Luftfeuchtigkeit und die Nahrung „ihres“ Stockwerkes angepasst. Hin und wieder verlassen sie ihre Etage, um in höhere oder tiefere Ebenen vorzudringen.

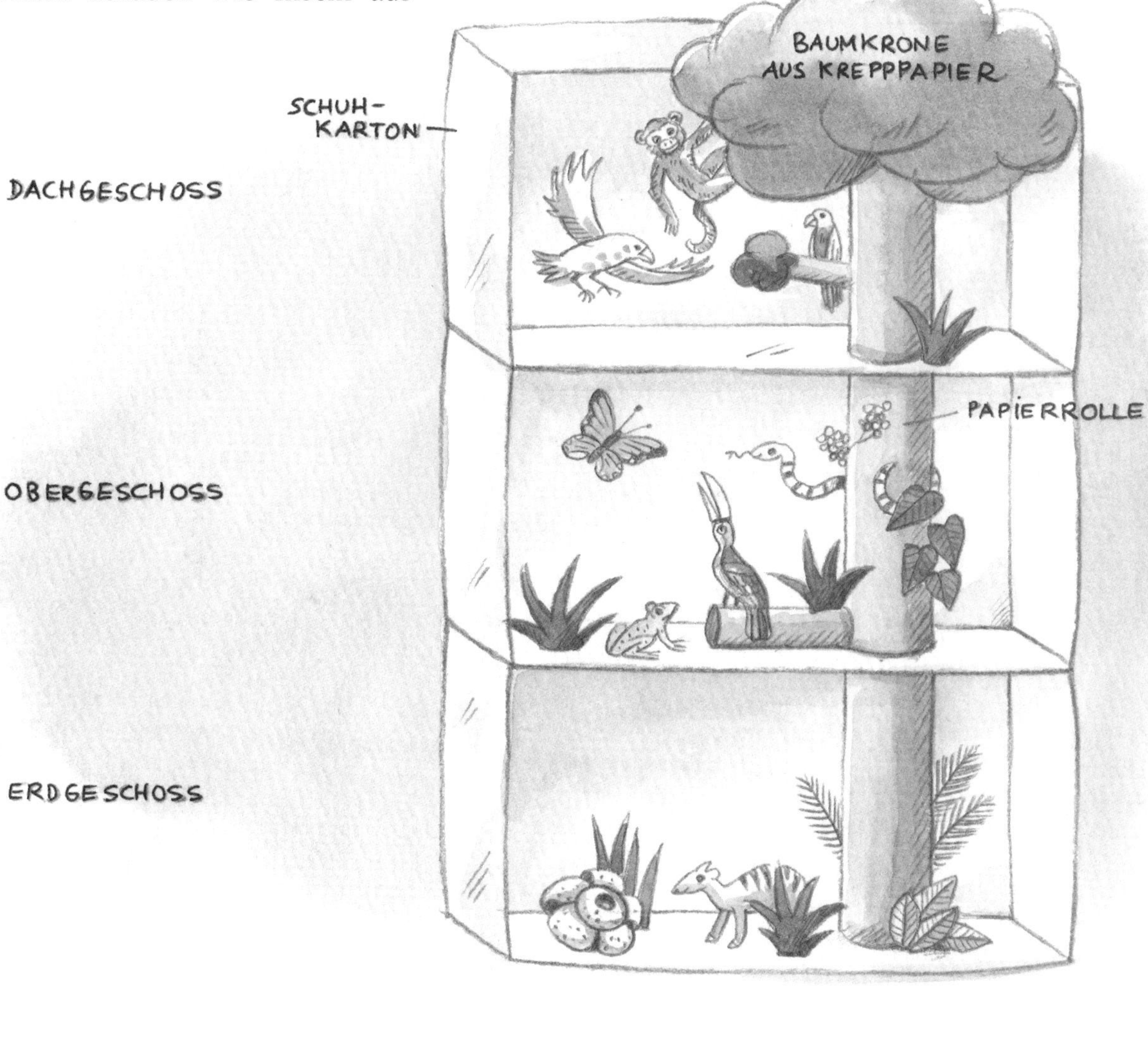

Regenwald-Diorama

Zur Vorbereitung der Aktion die verschiedenen Stockwerke des Regenwaldes besprechen (➜ S. 16). Dabei den einzelnen Etagen die entsprechenden Pflanzen- und Tierarten zuordnen.

Material: 3 Schuhkartons, Wasserfarbe und Pinsel, Klebstoff, Bleistift, Schere, 1 leere Küchen- bzw. Geschenkpapierrolle, grünes Krepppapier, Tonpapier
Alter: ab 4 Jahren

Den Hintergrund der Kartons grün bemalen und die drei Kartons horizontal übereinander kleben.
Durch die verschiedenen Etagen ein Loch im Durchmesser der Rolle ausschneiden und die Rolle durchziehen.
Das grüne Krepppapier zusammenknüllen und als Baumkrone auf die Rolle kleben. In jeder Etage die dazugehörigen Pflanzen bzw. Tiere anbringen. Dabei als Krautschicht z.B. zusammengeknülltes Krepppapier oder auf Tonpapier gemalte Blätter verwenden.
Der Fantasie sind keine Grenzen gesetzt. Die Bromelien (➜ S. 41) z.B. aufschneiden und in der obersten Etage neben den Ast kleben. Mit gemalten, ausgeschnittenen oder gebastelten Vögeln, Affen und anderen Tieren dekorieren.

Variante

Während der Regenwald-Projekttage (➜ S. 119) die Kinder in Gruppen aufteilen. Jede Gruppe bastelt das Diorama eines anderen Regenwaldes: z.B. Amazonas, Zentralafrika, Südost-Asien, Papua-Neuguinea etc.

Über den Regenwald-Fluss

Wir stellen uns vor, durch den tiefsten Regenwald zu wandern. Plötzlich stehen wir vor einem kleinen Fluss. Er ist nicht tief und es liegen einzelne Steine im Flussbett, die wir als Weg nutzen können. Wer schafft es mit trockenen Schuhen über den Fluss zu kommen?

Material: Steinplatten, Teppichfliesen, Stoffreste
Alter: ab 4 Jahren

Die Steinplatten, Fliesen etc. in einer ungeraden Linie in unregelmäßigen Abständen von 20–50 cm auf den Boden legen. Ein Kind nach dem anderen versucht, den Fluss zu durchqueren, ohne nasse Füße zu bekommen.
Haben es alle geschafft, die Abstände zwischen den Steinen vergrößern. Den letzten Stein besonders weit entfernt legen. Ein großes, geschicktes Kind macht den Anfang. Hat es den letzten Stein und damit das Ufer erreicht, bleibt es dort stehen und hilft den kleineren Kindern, indem es ihnen die Hand zum letzten Sprung reicht.

Auf einem Baumstamm über den Regenwald-Fluss

Wieder sind wir in Gedanken im Regenwald. Gestern hat es den ganzen Tag geregnet. Der Fluss führt heute so viel Wasser, dass es nicht möglich ist, über die Steine zum anderen Ufer zu gelangen. Doch drüben ist ein Baum umgestürzt, der jetzt eine natürliche Brücke über den Fluss bildet. Um auf die andere Seite zu kommen, müssen wir hinüber balancieren.

Material: 1 dicker Baumstamm, Brett o. Ä.
Alter: ab 4 Jahren
Vorbereitung: Den Baumstamm bzw. das Brett über den gedachten Bach auf den Boden legen.

Ein großes Kind überquert den Fluss auf dem Baumstamm als erstes. Es wartet mit ausgestreckten Armen auf die anderen Kinder. Vor dem Baum steht ein ebenfalls großes Kind. Es reicht den anderen die Hand, bis sie sicher auf dem Baumstamm stehen und balancieren können. Am anderen Ufer empfängt sie das erste Kind.

Bedrohter Regenwald

Die Regenwälder beherbergen nicht nur die größte Artenvielfalt, sie speichern und reinigen Wasser, verhindern Erosion und schützen Talbewohner an Berghängen vor Steinschlag und Hochwasser. Außerdem stabilisieren sie als riesiger Kohlenstoffspeicher das Klima, erhöhen die Luftfeuchtigkeit, bremsen den Wind, produzieren Sauerstoff und liefern kostbare nachwachsende Rohstoffe – neben Holz eine große Zahl von Heilpflanzen, Nüssen, Harzen, Beeren, Ölen und Früchten.

Auch wenn sich die Regenwälder auf den verschiedenen Kontinenten in ihrem Artenspektrum, in der Bodenbeschaffenheit und der Besiedelungsdichte teilweise deutlich voneinander unterscheiden, sind die Hauptursachen ihrer Zerstörung weltweit sehr ähnlich. Brandrodung zur Schaffung landwirtschaftlicher Flächen und Weideland für Rinderherden, Umwandlung von Wäldern in Ölpalm-, Bananen- oder Kaffeeplantagen, Ausbeutung von Bodenschätzen wie Eisenerz, Gold, Öl oder Gas, der Bau von Großstaudämmen zur Energiegewinnung und kommerzieller Holzeinschlag sind die wichtigsten Ursachen der Zerstörung. Bereits etwa die Hälfte der ursprünglichen Regenwälder sind heute vernichtet oder stark geschädigt.

Tropenholz

Unter Tropenholz verstehen wir Hölzer, die aus den tropischen und subtropischen Wäldern in Asien, Afrika und Lateinamerika stammen. Mahagoni, Teak und Palisander werden meist zu Möbeln und anderen Produkten verarbeitet. Regenwaldhölzer wie Meranti, Gabun und Ramin enden als Sperrholz, Besenstiel oder Fensterrahmen.

Manche Holzfirmen rühmen sich damit, genau so viele Bäume wieder anzupflanzen, wie sie abholzen. Aber, wer Bäume auf einer Fläche pflanzt, die er vorher kahl geschlagen hat, hat trotzdem den Wald vernichtet. Denn ein Wald ist viel mehr als nur die Bäume, die in ihm stehen. Keine Holzfirma ist in der Lage, die vielen Tier- und Pflanzenarten „aufzuforsten", die früher in dem von ihr zerstörten Ökosystem lebten. Auch den Lebensraum der im Wald lebenden Menschen können die Holzkonzerne nicht wiederherstellen. Wird ein Wald zerstört, werden Menschen vertrieben, deren Vorfahren Tausende von Jahren im und vom Wald gelebt haben, ohne ihn zu zerstören. Heute ist das Überleben indigener Völker im Regenwald akut bedroht, da unter Bulldozern und Kettensägen Tiere und Pflanzen sterben, und so die „Vorratskammer" der Menschen geplündert wird. Auch wir sind davon betroffen. Die Vernichtung der Regenwälder bedroht uns ebenfalls, da die riesigen feuchten Gebiete wichtig für ein stabiles Weltklima sind.

Ein zerstörter Regenwald lässt sich nicht erneuern. Ist das Netz der gegenseitigen Abhängigkeiten zerschnitten, haben Tiere und Pflanzen keine Chance mehr, ihre kompliziert aufgebauten Lebensgemeinschaften wieder aufzunehmen. Während wir diesen Text schreiben, gehen wieder Dutzende Hektar Regenwald unwiederbringlich verloren. Und in der nächsten Stunde werden weltweit schätzungsweise sechs Tier- und Pflanzenarten für immer von diesem Planeten verschwinden.

Typische Merkmale des tropischen Regenwaldes

- *hohe Niederschläge*
- *wenig schwankende Temperaturen*
- *keine Jahreszeiten*
- *starke gegenseitige Abhängigkeit der Tier- und Pflanzenwelt*
- *reich an Arten – arm an Individuen*
- *Bäume mit Brett- bzw. Stützwurzeln, die nicht tief in die Erde eindringen*
- *mehrstöckige Gliederung: Erdgeschoss, ein helles Obergeschoss und die Kronen der herausragenden Urwaldriesen als Dachgeschoss*

Regenwald-Parcours

Ein Spaziergang oder eine Wanderung durch den Regenwald ist gar nicht so einfach. Überall versperren Äste, Blätter und Lianen den Weg. Manchmal müssen die Kinder über einen kleinen Bach springen oder sich über einen größeren mit einer Liane hinüberschwingen.

Material: grüne und braune Tücher, grüne Schirme, grünes und braunes Krepppapier, Seile, große Kartons, Reifen, Äste, Besenstiele, Stangen, mit Sand gefüllte Eimer, Papier, Schere
Alter: ab 4 Jahren

Den Raum als Regenwald gestalten:

- Lichtquellen, Fenster und Lampen mit Tüchern und Krepppapier verhängen.
- Kisten, Kartons und mit Sand gefüllte Eimer im Raum verteilen.
- Kisten und Kartons mit Tüchern bedecken, Besenstiele und Stangen so darüber legen, dass die Kinder darunter durchkriechen bzw. sie übersteigen können.
- Grüne Schirme aufgespannt in die mit Sand gefüllten Eimer stecken.
- Seile an der Decke befestigen und herunterbaumeln lassen.
- Reifen ebenfalls von der Decke hängen lassen.

Parcours

Aus dem Papier Pfeile schneiden und auf dem Boden als Wegweiser für den Parcours auslegen. Beim Parcours kriechen die Kinder z.B. unter einer Stange hindurch und klettern über eine andere; sie schwingen sich mit einem Strick über ein Hindernis und klettern durch einen Reifen etc.

Baummaske aus einer Papiertüte

Material: 1 große braune Papiertüte, Schere, Farbstifte
Alter: ab 4 Jahren

Die Tüte kurz über den Kopf ziehen, um die Höhe von Augen und Nase zu markieren. Tüte vom Kopf nehmen, Augenlöcher und Nasenloch ausschneiden. Den Boden der Tüte aufschneiden und in lange, 1 cm breite Fransen schneiden. Knorriges Gesicht mit Astlöchern auf die Maske malen. Die Fransen als Äste und Blätter braun und grün malen.

Isaac He-tach-loos

Nr. 20

(T & M: Gisele & Tsimka Martin, Tla-o-qui-aht, Kanada / Pit Budde)

Eine indianische Frau sandte folgende Botschaft an die Führer der Europäer: „Wenn ihr den letzten Fluss verschmutzt habt, den letzten Fisch gefangen, den letzten Baum abgeholzt habt – schlimmerweise werdet ihr erst dann begreifen, dass ihr euer schönes Geld nicht essen könnt.“

Isaac He-tach-loos, He-tach-loos, aha.

Ist der letzte Fluss, der letzte Fluss verseucht
Und der letzte Fisch, der letzte Fisch gefangen,
Ist der letzte Baum, der letzte Baum gefällt,
Werdet ihr erst dann einseh'n, erst dann einseh'n,
Dass ihr euer schönes Geld nicht essen könnt,
Dass ihr euer schönes Geld nicht essen könnt!

Isaac He-tach-loos, He-tach-loos, aha!

Von Jaguar und Kolibri – Tiere im Regenwald

Trotz seiner paradiesischen Vielfalt ist das Nahrungsangebot im Regenwald sehr begrenzt. Viele Pflanzen wehren sich wirkungsvoll dagegen, gefressen zu werden. Sie besitzen Dornen, Gifte oder Gerbstoffe, die sie ungenießbar machen. Genießbare Pflanzen oder Pflanzen mit essbaren Früchten stehen oft weit voneinander entfernt oder tragen die Früchte zu unregelmäßigen Zeiten. So müssen die Tiere große Wege zurücklegen, um genügend Nahrung zu finden. Die Tiere des Regenwaldes haben sich diesen Bedingungen angepasst. Jede Art hat ihre „ökologische Nische" gefunden und lebt an einem speziellen Ort in einer bestimmten Art und Weise, um Konkurrenz zu vermeiden, Energie und Zeit zu sparen. Räuber und Beute, Blüten und Bestäuber sind im höchsten Maße angepasst. Solche Wechselbeziehungen erzeugen eine starke Abhängigkeit und eine hohe Komplexität der Beziehungen einzelner Tier- und Pflanzenarten zueinander. Bis zum heutigen Tag sind diese wenig erforscht.

Insbesondere für wirbellose Tiere wie Amphibien, Reptilien und Insekten herrschen im Regenwald günstige Bedingungen. Es ist immer warm und es gibt keine Kälte- oder Trockenperioden. Hier können Schmetterlinge, Käfer, Tausendfüßler und Stabheuschrecken beträchtliche Größen erreichen. Der Goliathkäfer z.B. bedeckt die Hand eines Erwachsenen.

Säugetiere sind, mit Ausnahme der Affen, nicht mit vielen Arten vertreten. Die meisten Säugetiere leben weit verstreut. Das Nahrungsangebot ist für die Pflanzen fressenden Bodenbewohner sehr begrenzt. Dementsprechend sind Raubtiere, die sich von Pflanzenfressern ernähren, selten. In den nahrungsreichen Baumkronen leben Tiere, die gut klettern oder fliegen können. Hier sind Affen und Vögel zahlreich.

Der Jaguar, der König des Waldes

Der Jaguar gilt als der geheimnisvolle König des südamerikanischen Regenwaldes. Viele Geschichten und Mythen ranken sich um diesen bewunderten und gefürchteten Jäger. „Breite das Fell des Jaguars aus und du schaust auf eine sternenklare Nacht", sagten die Maya. Sie glaubten, es wäre „Jaguar-Sonne", der jede Nacht den Herrn der Dunkelheit besiegt, um am Morgen der Erde neues Licht zu schenken. Trotz seiner Macht und Stärke gilt der Jaguar nicht als Menschenfresser, wie eine kleine Geschichte erzählt (➔ S. 24).

Jaguar, Mensch und Hund

Als Gott die Menschen aus Lehm formte, schaute ihm der neugierige Jaguar zu. Doch Gott wollte nicht, dass der Jaguar lernte, wie er ein Wesen erschuf. So schickte er den Jaguar zum Fluss, um Wasser zu holen. Er gab ihm eine Kalebasse mit kleinen Löchern, damit der Jaguar nicht so schnell zurückkehren würde. Doch ein Frosch zeigte dem Jaguar, wie er die Löcher mit Lehm abdichten konnte. Jaguar rannte, so schnell er konnte, mit dem Wasser zurück. Gott hatte bereits dreizehn Menschen geformt, dazu Speere, Bogen und Pfeile als Waffen. Jetzt war er damit beschäftigt, einen Hund zu erschaffen.

Der Jaguar schaute sich den Hund an und meinte: „Er sieht lecker aus!" Doch Gott mahnte, der Hund solle den Menschen dienen und die Waffen sollten ihn Respekt lehren.

Damit war der Jaguar nicht einverstanden. Er wollte das mächtigste Wesen des Waldes sein. Gott befahl einem der Menschen, in die Tatze des Jaguars zu schießen. Der Mensch verband die verletzte Tatze, doch der Jaguar sprach: „Der Hund sieht lecker aus!" Da schoss der Mann in die zweite Tatze des Jaguars. Und so lernte der Jaguar, die Menschen und ihre Hunde in Frieden zu lassen.

Es werden dem Jaguar noch andere Eigenschaften nachgesagt:

Drei Jaguare und ein Kaninchen

Drei Jaguare wälzten sich vor Hunger stöhnend auf dem Boden. Trotzdem waren sie zu träge, um auf die Jagd zu gehen. Das Kaninchen sah die drei und fragte: „Warum jammert ihr so sehr, meine Freunde? Wozu habt ihr eure Tatzen und Reißzähne?"

Doch die Jaguare wiesen den Gedanken, für ihr Essen auf die Jagd zu gehen, weit von sich.

Das Kaninchen dachte nach. Dann machte es den Jaguaren einen Vorschlag: „Ich werde euch in den Wald zu eurem Futter tragen, wenn ihr in dieses Netz klettert." Ohne viel nachzudenken, kletterten die drei in das Netz. Sofort nahm Kaninchen eine Schnur und band das Netz fest zu. Dann schnappte es sich einen dicken Ast und prügelte auf die drei Jaguare ein. Dabei rief es: „Ihr habt das Zeug zu gefürchteten Jägern und seid doch nichts weiter als faule Biester!"

Gleichzeitig glaubten einige Völker, der Jaguar würde zum Ende aller Zeiten die Sonne fressen und so für den Untergang der Welt sorgen. Bei einer Sonnenfinsternis sagten die Menschen: „Jaguar hat die Sonne fast verschluckt!“ Dann sangen sie und beteten zu ihren Göttern, bis die Jaguar-Sonne wieder am Himmel erschien.
So galt der Jaguar als weise und dumm, als mächtig und schwach.
Er wird zum Spiegelbild der Menschen, die alle seine Schwächen teilen.

Jaguar-Maske

Material: 1 Bogen weißer Tonkarton (DIN A4), Farbstifte, Schere, Locher, Lochverstärkungsringe, Klebstoff, Hutgummi
Alter: ab 4 Jahren

Die Maske auf den Tonkarton übertragen und ausschneiden.
Die Maske in den vorgegebenen Farben anmalen.
An beiden Seiten Löcher ausstanzen und mit Verstärkungsringen stabilisieren.
Die Maske an den gestrichelten Linien einschneiden, umbiegen und zusammenkleben.
Das Hutgummi durch die Löcher ziehen und fest verknoten.

Der Jaguar im Regenwald aus Kindern

Material: grüne und braune Kleidung für alle Kinder, grüne und braune Tücher, grünes Krepppapier, 1 Jaguar-Maske (➔ linke Spalte)
Alter: ab 4 Jahren
Anzahl: mindestens 15 Kinder

Alle bis auf zwei Kinder ziehen sich grüne und braune Kleidung an, legen die Tücher auf den Boden und stellen sich in einer Regenwaldformation auf die Tücher.
Die Kinder bilden vier gleich große Gruppen.

- Die erste Gruppe, die größten Kinder, spielt die Urwaldriesen. Sie stellen sich immer wieder auf Zehenspitzen, strecken die Arme in die Luft und schaukeln im Wind.
- Die zweite Gruppe spielt die Kronenregion. Die Kinder verschränken die Arme hinter dem Kopf und bilden so ein fast geschlossenes Kronendach.
- Die Kinder der dritten Gruppe verkörpern die größeren Pflanzen des Unterwuchses. Sie lassen die Arme locker wie Lianen fallen und beugen sich ein wenig nach vorn.
- Die Kinder der vierten Gruppe spielen die ganz niedrigen Pflanzen des Unterwuchses. Sie gehen in die Hocke oder legen sich auf den Boden.

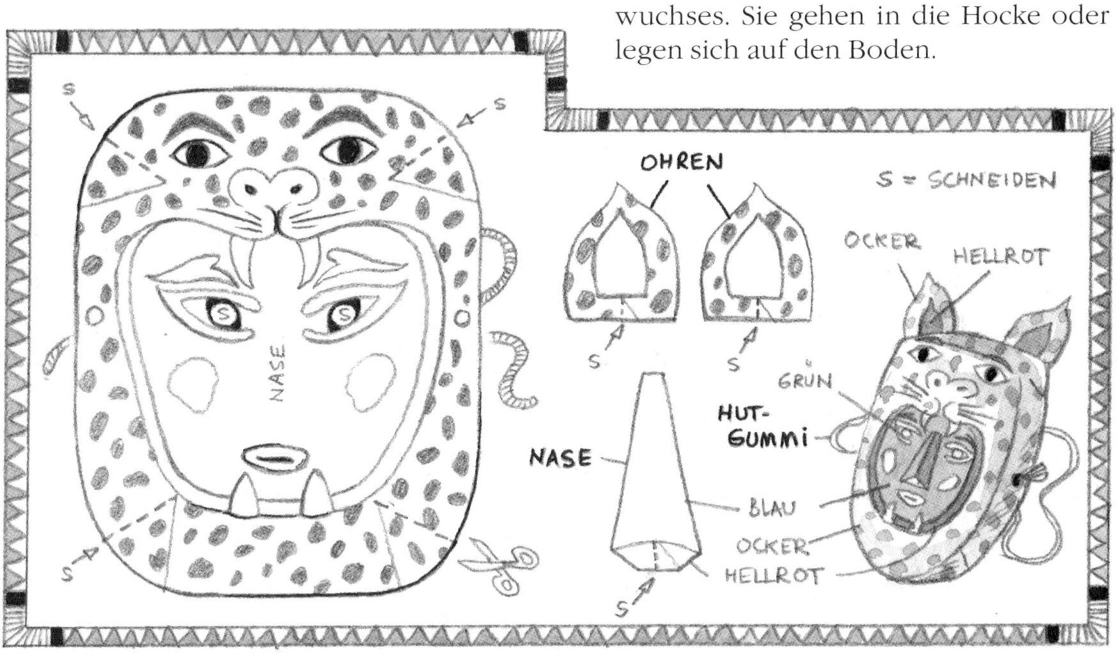

Das eine der zwei übrigen Kinder setzt sich die Jaguar-Maske auf und schleicht durch den Wald. Der Jaguar kennt den Wald, seine Pflanzen, die anderen Tiere und die Wege durch den Wald sehr gut. Das Menschen-Kind kennt die Wege nicht. Immer wieder stellen sich ihm die Pflanzen in den Weg und verhindern, dass es sich dem Jaguar nähern kann. Der Jaguar seinerseits wird neugierig und versucht sich an das Kind heranzuschleichen, wobei der Wald ihm kräftig hilft. Gelingt es dem Jaguar, das Kind von hinten zu berühren, wird es zu einem Baum, und einer der Bäume versucht jetzt, sich dem Jaguar zu nähern. Gelingt es dem Kind, den Jaguar von hinten zu berühren, ist es der nächste Jaguar.

Jaguar basteln

Material: weißer Bastelkarton 40 × 14 cm (alternativ: Bastelkarton mit Jaguarfärbung), Lineal, Bleistift, Schere, Farbstifte
Alter: ab 4 Jahren

Die Vorlage auf den Bastelkarton vergrößert übertragen. Die gestrichelten Linien einschneiden, die durchgezogenen falzen. Den Schwanz über den Bleistift nach oben rollen. Nach Wunsch dem Jaguar ein Gesicht malen.

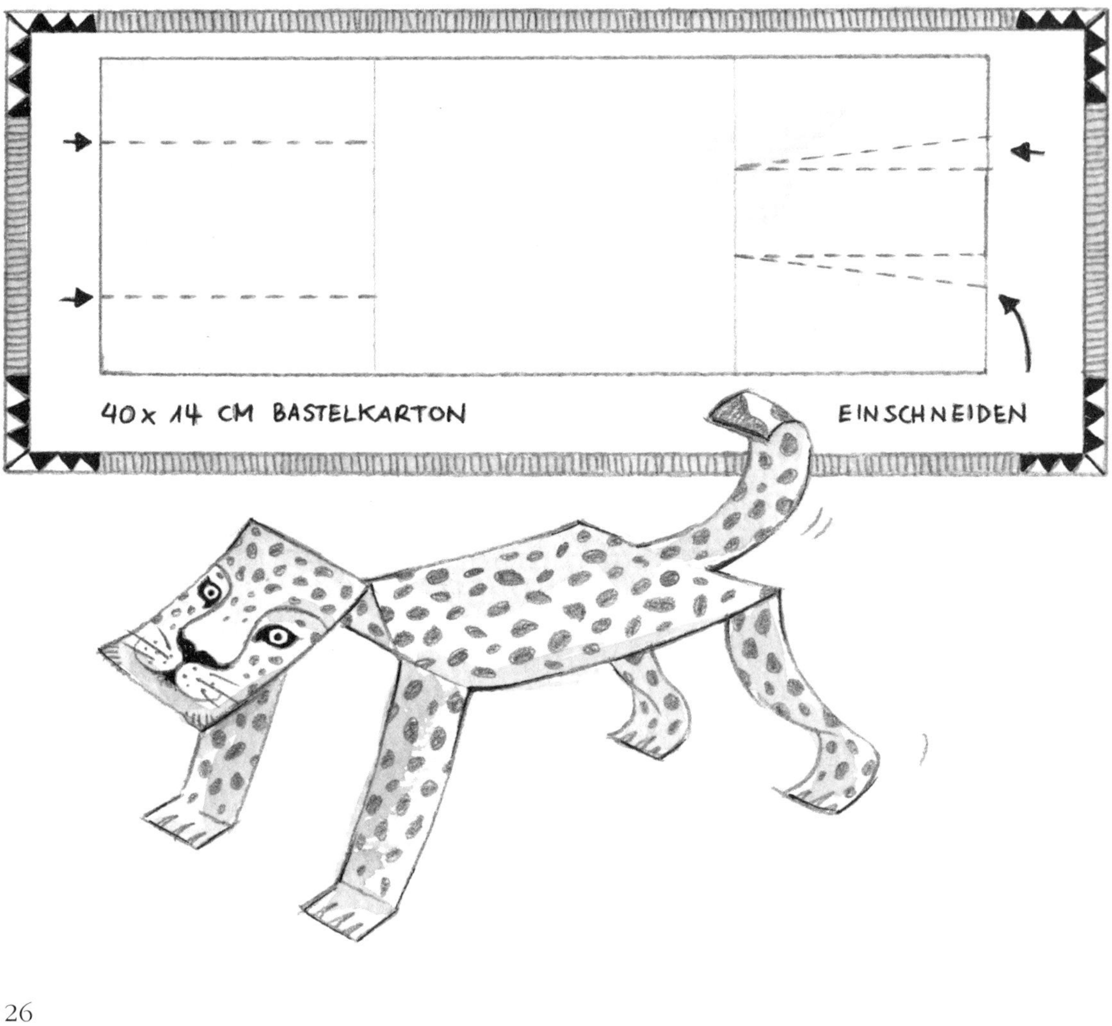

Mainumbí – der die Seelen führt

Als Tupá die Welt erschaffen hatte mit allen ihren Tieren und Pflanzen, lehrte er die Menschen, auf dieser Erde zu leben. Danach war er zufrieden und wollte in „Das Land der ewigen Finsternis“ zurückkehren. Doch da bemerkte er, dass die Seelen der Verstorbenen den Weg in „Das Land, in dem es nichts Böses gibt“ nicht alleine fanden. Ohne einen Führer würden sie für immer und ewig ziellos durch den Wald streifen und sich vielleicht in böse Geister verwandeln.

Tupá dachte nach. Für dieses Problem musste er noch eine Lösung finden. Gedankenverloren spielte er mit dem Stachel einer Kokero-Palme. Neben ihm erschien eine große, grüne Fliege, die so schnell mit den Flügeln schlug, dass sie reglos auf einer Stelle in der Luft schweben konnte. Jedes Mal, wenn sie summend mal hierhin, mal dorthin flog, brachen sich die Sonnenstrahlen auf ihrem Gefieder und sie leuchtete in allen Farben des Regenbogens.

Entzückt betrachtete Tupá dieses anmutige Wesen. Sanft führte er den Stachel der Palme, den er noch in seiner Hand hielt, an den Kopf der Fliege. Er musste lachen, denn der Stachel verwandelte sich in einen langen, feinen Schnabel. „Das ist ein guter Führer“, dachte er bei sich. „Jetzt muss ich nur noch einen Ort finden, an dem die Seelen warten können, bis ihr Führer sie abholt.“

Tupá hatte die Seelen mit viel Liebe besonders schön geformt. So beschloss er, sie nach dem Tod der Menschen in die Blüten des Urwaldes zu bringen. Dort sollten die Seelen friedlich schlafen, bis ihr Führer sie finden und mitnehmen würde in „Das Land ohne das Böse“.

Den Führer der Seelen, den kleinen Kolibri, nannte er Mainumbí. Und so ist es bis zum heutigen Tag. Mainumbí, der Kolibri, kommt aus dem „Land ohne das Böse“ in unsere Welt, um die schlafenden Seelen der Verstorbenen zu holen. Er küsst zärtlich die bunten Blüten, saugt mit seinem dünnen langen Schnabel vorsichtig die Seelen heraus und bringt sie zu dem Ort der ewigen Freude.

Der große, grüne Regenschirm

Nr. 2
(T & M: Pit Budde)

Ich glaube fast, es regnet bald.
Na klar, wir sind im Regenwald!
Trotzdem wird es uns nicht kalt
Im grünen, warmen Regenwald.

1. Der Affe springt von Ast zu Ast.
Schaut, ob du was zu essen hast.
Im nächsten Baum sind noch mehr Affen.
Ob sie uns oder wir sie begaffen?

2. Der Kolibri saust durch den Wald.
Er macht vor jeder Blüte Halt.
Dort saugt er sich am Nektar satt
Und flattert wie ein buntes Blatt.

Unter dem großen, grünen Regenschirm,
Wo bunte Vögel die Blätter verzier'n.
Ich glaube fast, es regnet bald ...

3. Wer liegt denn auf dem Baum dort quer?
Schau hin, es ist der Ameisenbär!
Er sucht nach 'nem Termitenbau
Hoch auf dem Baum, denn er ist schlau!

4. Der Nasenbär läuft hin und her,
Ihm zuzuschauen ist gar nicht schwer.
Was er dort sucht, möchte' ich wohl wissen
Und ruh' mich aus auf 'nem Mooskissen.

Unter dem großen ...

5. Am Ufer liegt ein Krokodil,
Schläft dort mit aufgerissenem Maul.
Es zeigt uns seine großen Zähne,
Sieht nur so aus, als wäre es faul.

6. Der Papagei sitzt auf dem Ei.
Wir alle sind ihm einerlei.
Wir dürfen nur nicht zu nah 'ran,
Damit er in Ruhe brüten kann.

Unter dem großen ...

Wettlauf der Anakonda-Schlangen

Die Anakonda ist die größte Schlange der Welt. Sie kann über 11 m lang werden und lebt in Sümpfen und an Flussufern im Regenwald. Sie kann sehr gut schwimmen, aber auch gut klettern. Bei der Jagd wartet die Anakonda im Wasser auf Tiere, die zum Trinken kommen. Mit ihrem riesigen Körper umschlingt sie ihr Opfer, erstickt es oder zieht es mit sich unter Wasser. Die Anakonda ernährt sich von Kaimanen (Krokodilen), Vögeln, Fischen, Pekaris, Hirschen und anderen Säugetieren, die im Regenwald leben. Wenn sie ein großes Tier heruntergewürgt hat, braucht die Anakonda mehrere Wochen, um das Tier zu verdauen. In dieser Zeit ruht sich die Schlange einfach aus. Ob die Anakonda auch Menschen angreift, ist umstritten. Doch die Bewohner des Regenwaldes haben großen Respekt vor dieser gewaltigen Riesenschlange.

Alter: ab 4 Jahren
Anzahl: mindestens 8 Kinder

Die Spielleitung legt eine Wettlaufstrecke fest, die nicht gerade, sondern um Hindernisse, Ecken und Kurven verläuft. Die Kinder teilen sich in zwei gleich große Gruppen, die jeweils eine Schlange bilden. Dazu stellen sie sich hintereinander, jedes Kind fasst das vor ihm stehende mit beiden Händen an der Schulter. Nach dem Startzeichen setzen sich die Schlangen, die in einem Abstand von mindestens einem Meter voneinander stehen, in Bewegung. Jede Schlange geht jeweils drei Schritte. Dann löst sich das letzte Kind aus der Reihe, läuft nach vorn und setzt sich an die Spitze seiner Schlange. So geht es weiter, bis die erste Schlange das Ziel erreicht hat.
Die Schlangen dürfen sich bei ihrem Wettschlängeln nicht berühren und müssen während des ganzen Rennens den Abstand von mindestens einem Meter einhalten.

Anakonda

Material: mehrere weiße DIN A4-Blätter, Tesafilm, Bleistift, Buntstifte, Schere
Alter: ab 4 Jahren

Die DIN A4-Blätter mit dem Tesafilm längs zusammenkleben, der Länge nach in der Mitte falten und durchschneiden und beide Teile noch einmal zu einem richtig langen Stück Papier zusammenkleben. Das Papier auf die Seite ohne Tesafilm legen und mit dem Bleistift die Schlange mit der Maserung vorzeichnen. Danach die Schlange ausmalen und ausschneiden. Alle 10 cm die Schlange falten, damit sie sich schlängelnd auf den Tisch oder Fußboden gestellt werden kann.

Der Ameisenbär und die Termiten

Ein ganz besonderes Regenwaldtier ist der Ameisenbär. Sein graues, langhaariges Fell ist recht grob und besitzt einen auffälligen, schwarz mit weiß umsäumten Streifen. Am Schwanz, der fast die Länge des gesamten Körpers erreicht, wird das Fell buschig. Der kleine Kopf endet in einer langen, röhrenförmigen Schnauze. Zu seinen natürlichen Feinden zählt sowohl der Puma als auch der Jaguar. Gegen beide wehrt sich der Ameisenbär mit seinen sehr langen, kräftigen Krallen.
Der Ameisenbär ernährt sich von Ameisen und Termiten. Mit seinen kräftigen Vorderbeinen gräbt er in Ameisen- oder Termitenhaufen und leckt die verstörten Insekten mit seiner langen, klebrigen Zunge auf.
Ob die wohl gut schmecken? Wir versuchen genau so geschickt an unser Futter zu gelangen. Doch statt der Termiten essen wir lieber Schokostreusel.

Material: Schuhkarton, Streichholzschachteln, braunes Bastelpapier, Schere, Klebstoff, Strohhalme, Schokostreusel
Alter: ab 4 Jahren

Vorbereitung
Schuhkarton und Innenteil der Streichholzschachteln säubern.
Den Schuhkarton und Deckel von außen mit braunem Bastelpapier bekleben.
Fünf oder sechs Innenteile von Streichholzschachteln an beliebiger Stelle innen auf den Boden des Schuhkartons kleben.
In den Deckel mit der Schere von außen mehrere Löcher bohren, durch die ein Strohhalm gesteckt werden kann.
Die Streichholzschachteln mit Schokostreuseln füllen und den Schuhkarton mit dem Deckel schließen.
Den so als Termitennest präparierten Schuhkarton vorsichtig auf eine freie Stelle im Raum legen.

Ein Kind spielt den Ameisenbär. Es nimmt einen Strohhalm in den Mund und kriecht auf allen Vieren zum Termitenbau. Mit dem Mund versucht es den Strohhalm durch ein Eingangsloch ins Nest zu stecken. Dabei darf es die Hände nicht benutzen. Es sucht mit dem Strohhalm im Mund die Schokostreusel. Hat das Kind sie entdeckt, saugt es die Schokostreusel vorsichtig auf. Jedes Kind darf nur eine Stelle leer saugen, dann ist das nächste an der Reihe.

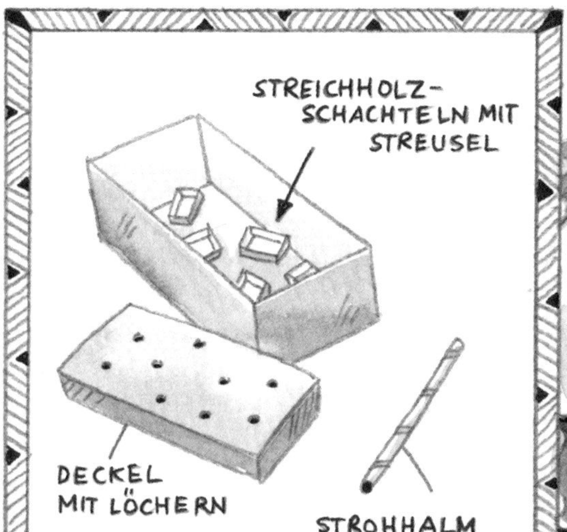

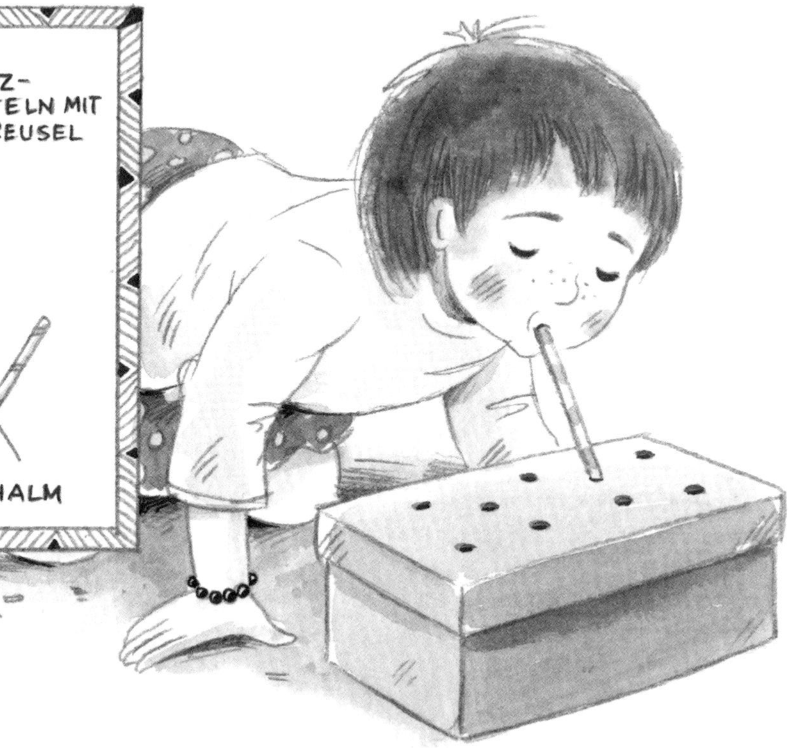

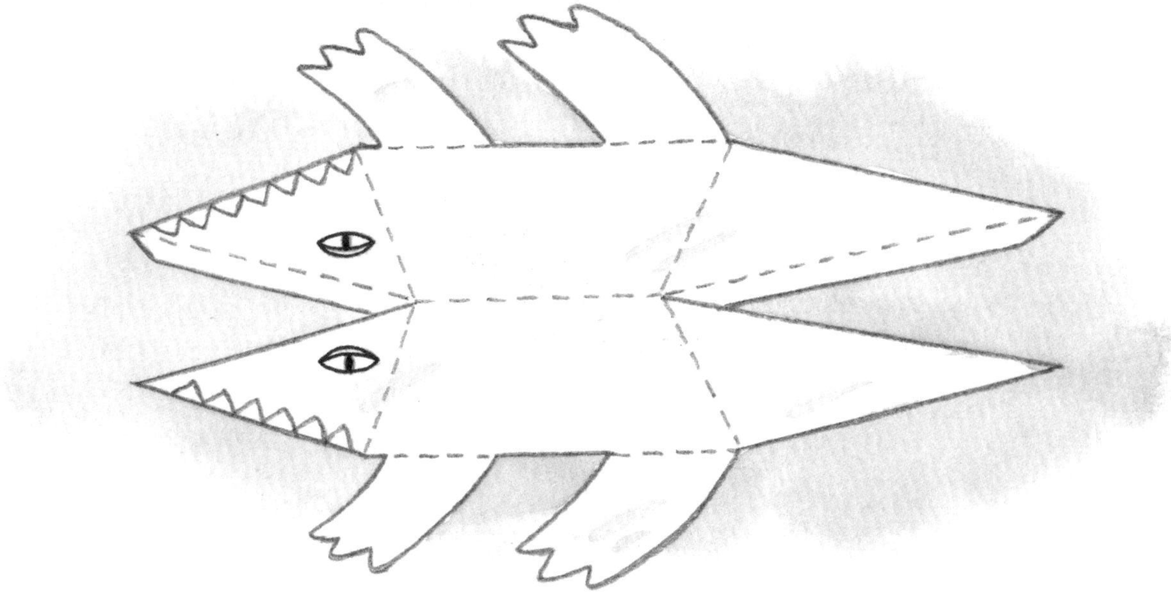

Alligator, Kaiman, Krokodil

In den Regenwaldflüssen sind Alligator, Kaiman und Krokodil nicht gerade selten. An seichten Stellen liegen sie im Wasser oder sonnen sich am Ufer. Bewegungslos warten sie auf unvorsichtige Tiere, die den Fluss durchqueren oder trinken wollen. Im Wasser machen sie Jagd auf Fische. Nur auf den ersten Blick sehen die drei Echsenarten gleich aus. Krokodile haben meist einen schlanken, keilförmigen Kopf, während die Schnauze bei Alligatoren und Kaimanen kürzer und vorne runder ist. Ein deutliches Merkmal ist der verlängerte vierte Zahn des Unterkiefers bei Krokodilen, der auch bei geschlossenem Maul sichtbar ist. Bei Alligatoren und Kaimanen bleibt er unsichtbar. Der größte Feind dieser Echsen ist der Mensch, der aus ihrem Panzer Handtaschen, Schuhe und Ähnliches herstellt.

Material: Kopiervorlage (s. Abb.), Bastelkarton (48 × 30 cm), Bleistift, Lineal, grüne Farbe, Schere, Klebstoff
Alter: ab 4 Jahren

Die Vorlage der Krokodilform auf eine Länge von 48 cm und eine maximale Breite von 30 cm vergrößern, auf den Bastelkarton übertragen und dunkelgrün bis graugrün bemalen. Nach dem Trocknen mit dem Bleistift Schuppen aufzeichnen und die Form ausschneiden. Entlang der gestrichelten Linien falzen und an den überlappenden Stellen zusammenkleben.

Krokodil-Jagd

Krokodile, Kaimane und Alligatoren sind sehr träge. Tagsüber sieht man sie kaum. Sie verschwinden im trüben Grün des Wassers, verstecken sich im Unterholz und zwischen üppigen Sumpfpflanzen.

Alter: ab 4 Jahren
Anzahl: mindestens 6 Kinder

Ein Kind spielt den Jäger, alle anderen die Krokodile. Die Krokodile suchen sich ein gutes Versteck als Ruheort. Dort liegen sie unbeweglich und still. Der Jäger kann sie nur entdecken, wenn sie sich bewegen oder einen Laut von sich geben. Und so versucht der Jäger die Kinder-Krokodile zum Lachen oder in Bewegung zu bringen. Er singt, erzählt Witze, zieht Fratzen oder erschreckt sie. Gelingt ihm das, gilt das Krokodil als entdeckt und das Kind ist gefangen. Jetzt hilft es dem Jäger, die anderen Krokodile zu entdecken. Das Spiel ist zu Ende, wenn das letzte Krokodil gefangen ist.

Alle Regenwaldtiere fliegen hoch?

Die Regenwälder sind Heimat von vielen verschiedenen Tieren. Manche leben im oberen, manche im mittleren Bereich der Bäume und manche auf dem Boden. Viele können gut klettern. Aber wer kann fliegen?

Material: Kopiervorlage (s. Abb.)
Alter: ab 4 Jahren

Die Kinder setzen sich um einen Tisch. Ein Kind denkt sich ein Regenwaldtier aus, das es gut kennt. Es beginnt mit beiden Händen auf den Tisch zu trommeln. Alle anderen Kinder beginnen ebenfalls zu trommeln. Das Kind ruft z.B.: „Alle Tukane fliegen ... hoch!“ Dann hebt es beide Hände in die Luft, denn der Tukan ist ein Vogel, der fliegen kann. Das Spiel beginnt von vorn, das nächste Kind ist an der Reihe. „Alle Tapire fliegen ... hoch!“ Tapire können natürlich nicht fliegen. Wer dennoch seine Hände hebt, verlässt das Spiel für diese Runde. Das Spiel endet, wenn nur noch ein Kind übrig ist.

Variante

Statt „Alle Adler **fliegen** ... hoch!“ sagt das Kind: „Alle Orang-Utans **leben ... hoch im Wald**!“. Dabei geben die Kinder zu erkennen, ob sie schon wissen, welche Tiere auf dem Regenwaldboden und welche hoch in den Bäumen leben.

Regenwaldvogel

Der Regenwald ist berühmt für seine vielen, schön bunt gefärbten Vogelarten. Die Kinder basteln gemeinsam ihre eigenen Phantasievögel.

Material: 3 Blatt DIN A4-Bastelpappe pro Kind, Bleistift, Schere, Farbstifte, bunte Federn, Klebstoff
Alter: ab 4 Jahren

Jedes Kind stellt seinen Fuß auf ein Blatt Bastelpappe, zeichnet den Umriss darauf und schneidet ihn aus.
Auf das zweite Blatt halten die Kinder eine Hand, zeichnen den Umriss und schneiden ihn ebenfalls aus.
Genauso verfahren sie mit der anderen Hand.
Die Teile so zusammenkleben, dass der Fuß als Körper und die Hände als Flügel dienen.
Den Vogel schön bunt bemalen.
Nach dem Trocknen die echten Federn als Schwanzfedern aufkleben.

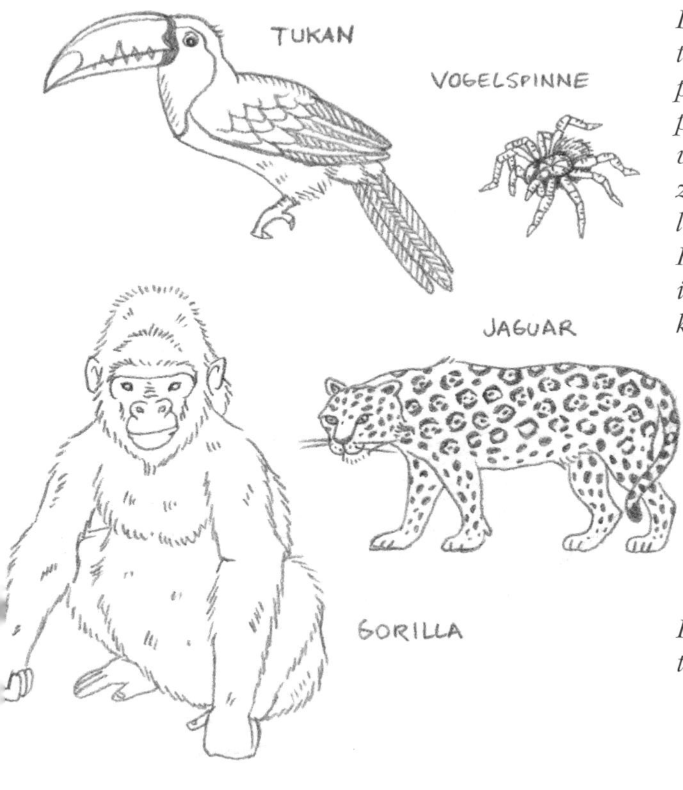

Vom Ei zur Raupe, von der Puppe zum Schmetterling

Die Entwicklung eines Schmetterlings beginnt mit dem Schlüpfen einer kleinen Raupe aus dem Ei. Der „Mutterschmetterling“ hat die Eier vorher direkt auf die jeweilige Futterpflanze gelegt, damit der Nachwuchs nach dem Schlüpfen mit Nahrung versorgt ist. Die Raupen können ein äußerst verschiedenartiges Aussehen haben: bunt oder einfarbig, gepunktet oder gestreift, glatt, mit Borsten, Haaren oder Dornen, mit einem Horn am Hinterende oder einfach völlig bizarr. Alle entwickeln einen enormen Appetit und wachsen relativ schnell. Durch das rasche Wachstum ergibt sich ein Problem. Schmetterlingsraupen besitzen – wie alle Insekten – ein Außenskelett. Im Gegensatz zu den Knochen der Säugetiere, die im Inneren des Körpers liegen (daher auch die Bezeichnung Innenskelett), umgibt dieses Außenskelett den Körper wie eine starre Haut. Das Material dieses Skeletts ist nicht Kalk wie bei den Säugern, sondern eine besondere Substanz, das Chitin.
Durch das starre Außenskelett, den Chitinpanzer, stößt das Wachstum der Raupen rasch an seine Grenzen. Will die Raupe weiter wachsen, muss sie den Panzer verlassen und sich eine neue Chitinhaut zulegen. Und so wechselt die Schmetterlingsraupe mehrmals ihre Haut.
Hat die Raupe nach mehreren Häutungen ihre endgültige Größe erreicht, erfolgt der komplizierteste Schritt ihrer Entwicklung: Die Umwandlung einer Blätter fressenden Raupe in einen Schmetterling, der sich von Blütennektar ernährt. Bei dieser letzten Häutung schlüpft aus der alten Haut jedoch keine Raupe, sondern die Puppe mit einem wesentlich stabileren und härteren Chitinpanzer.
Die Verpuppung kann an Zweigen, Blättern, Ästen, Latten, Steinen, an der Unter-

seite von Ästen oder Blättern oder in der Erde stattfinden. Alle diese Puppen sind Übergangsformen von der Raupe zum Schmetterling. In ihrem Inneren erfolgt die Umwandlung. Ist diese abgeschlossen, platzt die Puppenhülle, aus der ein anfangs wenig ansehnlicher Schmetterling mit feuchten, verknautschten Flügeln schlüpft. Aber schon nach wenigen Minuten sind die Flügel entfaltet und ausgehärtet. Dann erhebt sich der neue Schmetterling in die Lüfte.

Material: Pappteller, Bleistift, Schere, braunes, blaues und grünes Bastelpapier, Buntstifte, grünes Garn, Klebstoff, Wasserfarbe, Tacker
Alter: ab 4 Jahren

- Den Pappteller gelb anmalen.
- Nach dem Trocknen eine Spirale mit dem Bleistift auf den Teller zeichnen und entlang der Linie ausschneiden. Sie symbolisiert den Lebenszyklus des Schmetterlings.

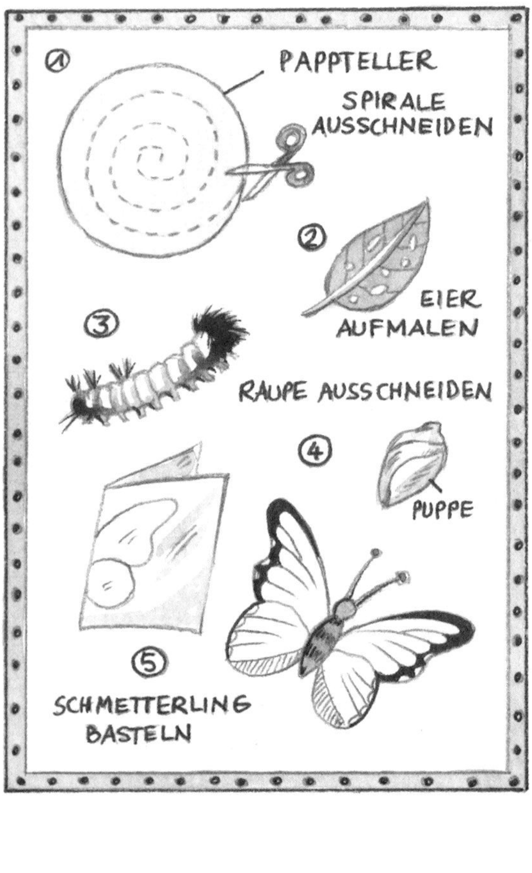

- Auf das grüne Bastelpapier Blätter mit Blattadern zeichnen, auf die Unterseite des Blattes gelbe, weiße oder grüne ovale und runde Punkte malen. Diese stellen die Schmetterlings-Eier dar. Die Blätter ausschneiden.
- Eine Raupe auf eines der bunten Papiere (braun, blau oder grün) zeichnen und ausschneiden.
- Die Puppe auf das braune Papier malen und ausschneiden.
- Ein Stück blaues Papier (für den Morpho) zur Hälfte falten, entlang der Falz die halbe Schmetterlingsfigur zeichnen und ausschneiden und das Papier auffalten.
- Auf ein dunkles Papier den ovalen Körper und runden Kopf des Schmetterlings mit zwei langen Fühlern zeichnen, ausschneiden und in die Mitte des Schmetterlings kleben.
- Blätter, Raupe, Puppe und Schmetterling an das grüne Garn tackern und auf der gelben Spirale versetzt, aber in der richtigen Reihenfolge befestigen. Die Spirale mit Garn an einem Blatt einer großen Pflanze befestigen.

Fünf kleine, bunte Frösche

Zu dem Gedicht „Fünf kleine bunte Frösche" hocken sich fünf Kinder nebeneinander in eine Reihe. Alle anderen Kinder hocken ein paar Schritte gegenüber im Teich und sprechen gemeinsam das Gedicht. Die fünf Frösche spielen den Text pantomimisch nach:

1. Fünf kleine, bunte Frösche
Fünf Finger auf den Arm legen
Auf einem immergrünen Baum,
Sie aßen viele leckere Fliegen,
Nach Fliegen schnappen
Die schmecken so gut,
das glaubt ihr kaum.
Den Bauch reiben

Refrain
Dem **ersten** wurde es dann doch zu heiß,
Den Schweiß von der Stirn wischen
Ist in den Teich gesprungen.
Zu den anderen Kindern hüpfen
Da war es schön nass und gar nicht heiß,
Er hat gequakt und laut gesungen.
Laut quaken und mitsprechen

2. Vier kleine, bunte Frösche
Auf einem immergrünen Baum,
Sie aßen viele leckere Fliegen,
Die schmecken so gut,
das glaubt ihr kaum.

Dem **zweiten** wurde es dann doch ...

3. Drei kleine, bunte Frösche
Auf einem immergrünen Baum,
Sie aßen viele leckere Fliegen,
Die schmecken so gut,
das glaubt ihr kaum.

Dem **dritten** wurde es dann doch ...

4. Zwei kleine, bunte Frösche
Auf einem immergrünen Baum,
Sie aßen viele leckere Fliegen,
Die schmecken so gut,
das glaubt ihr kaum.

Dem **vierten** wurde es dann doch ...

5. Ein kleiner, bunter Frosch
Auf seinem immergrünen Baum,
Der aß ganz viele leckere Fliegen,
Die schmecken so gut,
das glaubt ihr kaum.

Auch ihm wurde es schließlich doch ...
Ist in den Teich gesprungen
Zu seinen kleinen Frösche-Freunden,
Sie haben gequakt und laut gesungen.

Wir suchen Regenwaldtiere im Zoo oder Naturkundemuseum

In Zoos und Naturkundemuseen sind viele Regenwaldtiere zu sehen. Einige Tage vor einem Besuch im Zoo oder Naturkundemuseum wählen die Kinder ihre Lieblingstiere aus dem Regenwald aus, suchen ein schönes Foto und kopieren es.

Alter: ab 4 Jahren
Material: Kopien der ausgewählten Regenwaldtiere, Schere, Sicherheitsnadeln
Ort: Zoo oder Naturkundemuseum

Vorbereitung
Die Kopien der Lieblingstiere aus dem Regenwald kreisrund ausschneiden, gut durchmischen und umgekehrt auf einem Tisch stapeln. Jedes Kind deckt nun eines der Bilder auf und heftet es sich mit der Sicherheitsnadel an die Jacke.

Im Zoo oder Naturkundemuseum
Die Kinder teilen sich in kleine Gruppen und suchen gemeinsam nach den Tieren, deren Kopien sie an ihren Jacken befestigt haben.

Zusatzaufgabe
Eine Liste von den Tieren erstellen, die nicht gefunden wurden. Eine weitere Liste von Regenwaldtieren anfertigen, die zusätzlich gesehen wurden.

Würgfeige und Ananas – Pflanzen im Regenwald

Über zwei Drittel der weltweit vorkommenden Pflanzenarten befinden sich im tropischen Regenwald. In diesem feuchtwarmen Klima wachsen Pflanzen so schnell und üppig wie in einem Treibhaus. Nährstoff und Wasser stehen ihnen zu jeder Zeit zur Verfügung. Lediglich an Licht herrscht Mangel.
Insbesondere die Bäume bilden die Lebensgrundlage für Flora und Fauna. Lichtliebende, harmlose Aufsitzerpflanzen (Epiphyten) wie Bromelien und Orchideen, aber auch Moose und Farne bilden keinen eigenen Stamm und siedeln auf den Ästen großer Bäume. Manchmal wachsen Bromelien sogar am Rand des Regenwaldes auf Zaunpfählen und Telefonleitungen. Ein einzelner Baum kann Hunderte anderer Pflanzen tragen. Bei einem zu tragenden Gewicht von mehreren Tonnen ist es nicht selten, dass der Baum unter seiner Last zusammenbricht.
Andere Pflanzen, z.B. die Lianen, beginnen ihr Leben als Epiphyt in den Baumkronen und wachsen von oben nach unten. Sie sind nicht auf das Sonnenlicht angewiesen. Die Pflanzen des tropischen Regenwaldes bieten der Tierwelt Schutz und Nahrung und sind weltweit wichtige Sauerstoffspender.

Der Regenwaldbaum

Selbst für einen Botaniker ist es sehr schwierig, die vielfältigen Baumarten im Regenwald zu bestimmen. Viele Baumstämme sind hell und glatt oder über und über bewachsen. Oft gibt es keine deutlichen Unterschiede in Form und Farbe. Da sich die Blätter in unerreichbarer Höhe befinden, ist es unmöglich, den Baum anhand seiner Blätter zu bestimmen. Abweichende Baumrinden mit Stacheln oder ungewöhnlichen Farben fallen daher sofort auf. Typisch für die Regenwaldbäume sind Brettwurzeln, die nicht wie bei unseren heimischen Bäumen tief in das Erdreich hineinragen, sondern die Bäume durch eine weite Ausdehnung am Boden tragen. Ohne Brettwurzeln könnten die Regenwaldbäume niemals bis zu 60 m in die Höhe wachsen. Als weitere Besonderheit wachsen diese Wurzeln vom Hauptstamm nach unten. Sie halten sich flach unter der Erdoberfläche und sind dadurch besser in der Lage, Nährstoffe, die sich an der Erdoberfläche befinden, aufzunehmen.

Im Regenwald ist kaum Humus vorhanden. Die meisten verwertbaren Nährstoffe sind in den Lebewesen gebunden. Um die wenigen vorhandenen Nährstoffe optimal zu nutzen, gehen Bäume eine Partnerschaft mit unterirdisch wachsenden Pilzgeflechten ein. Diese sind mit ihren Wurzeln verbunden und versorgen sie mit abgefangenen Nährstoffen. In dieser Partnerschaft werden die Bäume mit Mineralsalzen und Wasser versorgt. Die Pilze wiederum profitieren davon, dass sie Aminosäuren (Bausteine der Eiweiße) und Zucker erhalten.

Die Blätter eines Regenwaldbaumes können sehr unterschiedlich geformt sein. Die Jungpflanzen, die am schattigen Waldboden wachsen, haben sehr große weiche Blätter, um das wenige vorhandene Licht gut aufnehmen zu können. Durch das spärliche Sonnenlicht sind sie hell bis rötlich gefärbt. Diese Färbung wirkt auf Tiere als Warnung für eine nicht genießbare Pflanze und schreckt somit potentielle Fressfeinde ab.

Schafft es die Pflanze, bis zum Kronendach empor zu wachsen, entwickelt sie mit der Zeit kleinere, harte, mit einer Wachsschicht versiegelte Blätter, die sie vor dem Austrocknen schützt. Gleichzeitig läuft das Wasser über eine Abtropfspitze ab und sorgt für einen immerwährenden „Regen" im Wald. Da in den Tropen die Sonnenkraft sehr stark ist, besitzen die Blätter Gelenke an den Blattstielen, mit denen sie sich verstellen können. Bei starkem Sonnenlicht wenden sie, um sich zu schützen, der Sonne ihre schmale Seite zu.

Die im Regenwald lebenden indigenen Völker sind aufgrund ihrer großen Erfahrung Spezialisten, was die Bestimmung der Bäume angeht. Sie können Pflanzen nach Gerüchen, Geschmack bzw. Aussonderungen unterscheiden. Darüber hinaus verfügen sie über ein fundiertes Wissen, ob und wofür die einzelnen Pflanzen als Nahrungsmittel oder Medizin genutzt werden können.

Wir alle leben vom Licht – die Photosynthese

Eine Pflanze hat drei Grundorgane: das Blatt, die Sprossachse und die Wurzel. Blätter sind voll funktionsfähige, chemische Fabriken. Mit Hilfe von Kohlendioxid (CO_2), Gas aus der Luft, Wasser und Sonnenlicht sind sie in der Lage, Zucker, den Grundbaustein des pflanzlichen Körpers, zu bilden. Dabei entsteht als Abfallprodukt der Photosynthese (= Zusammenfügen durch Licht) Sauerstoff, die Grundlage allen Lebens auf unserem Planeten.

Die Pflanze gibt uns Luft zum Atmen – ein Experiment

Eine brennende Kerze benötigt Sauerstoff wie wir zum Atmen. Wird der verbrauchte Sauerstoff nicht erneuert, erlischt die Kerze. Eine Pflanze hingegen produziert Sauerstoff und ersetzt den durch das Brennen der Kerze verbrauchten Sauerstoff.

Material: Pflanze, Kerzen (oder Teelichter), Zündhölzer, Trinkgläser, 1 großes Glas (das eine Topfpflanze und ein Teelicht bedecken kann)
Alter: ab 4 Jahren (mit Hilfe eines Erwachsenen)

1. Teil des Experiments
Eine Kerze oder ein Teelicht anzünden, auf eine flache Unterlage (Tisch) stellen und das Glas darüber stülpen. Nach einer Weile, wenn der Sauerstoff verbraucht ist, erlischt die Kerze.

2. Teil des Experiments
Die Kerze anzünden, die Pflanze daneben stellen und das große Glas darüber stülpen. Die Pflanze produziert Sauerstoff, ersetzt also den Sauerstoff, den die Kerze verbrennt. Die Kerze brennt weiter und erlischt nicht.

Die Würgfeige

Das Leben einer Würgfeige beginnt in der Krone eines Baumes. Setzt ein Früchte fressendes Tier seinen Kot mit den Samen der Würgfeige im Kronendach ab, beginnt der Samen unter günstigen Bedingungen zu keimen. Lebt die Feige anfangs epiphytisch, d.h. als Pflanze, die auf anderen Pflanzen wächst, sich aber selbstständig ernährt, entsendet sie mit der Zeit Luftwurzeln in Richtung Waldboden. Diese hängen frei in der Luft. Am Waldboden angekommen, verankern sich die Wurzeln dort, um aus dem Boden Nährstoffe und Wasser zu ziehen. Die zuerst flexiblen Luftwurzeln werden mit der Zeit dick und verholzen. Sie berühren sich und bilden bald ein enges Geflecht um den Wirtsbaum. Die Stabilität der Feige nimmt zu und der Wirtsbaum wird zunehmend stranguliert, seine Leitgefäße abgeschnürt. Zusätzlich überschatten die Feigenblätter die des Wirtsbaumes. Der stirbt einen langsamen, Jahre dauernden Tod. Die Feige übernimmt den Platz des Baumes. Innen ist die Feige hohl. Durch die starke Verholzung der ehemaligen Luftwurzeln benötigt sie die Stützfunktion des Wirtsbaumes nicht mehr.

Material: Bleistift, Buntstifte, Packpapier- oder Tapetenrolle, Schere
Alter: ab 4 Jahren

Die Kinder teilen sich in sechs Gruppen auf. Fünf Teams malen je ein Lebensstadium der Würgfeige, das sechste malt einen Tukan, der die Früchte der Würgfeige frisst und ihre Samen auf der Krone des ersten Baumes ausscheidet.

1. Lebensstadium: Den Baumstamm braun, die Krone mit ihren Blättern grün malen (➔ Abb. A).
2. Lebensstadium: Beim zweiten Baum die Luftwurzeln der Würgfeige einzeichnen (➔ Abb. B).
3. Lebensstadium: Beim dritten Baum entwickeln sich die Blätter der Würgfeige, die Luftwurzeln schlingen sich um den Wirtsbaum und wachsen weiter zur Erde (➔ Abb. C).
4. Lebensstadium: Der vierte Baum ist von der Würgfeige bedeckt und stirbt ab (➔ Abb. D).
5. Lebensstadium: Der fünfte Baum ist die stabile Würgfeige, der Wirtsbaum ist vollständig verschwunden (➔ Abb. E).
Tukan: Die Vorlage übertragen, bunt ausmalen, ausschneiden und in den Lebenszyklus der Würgfeige kleben.

Am Schluss verdeutlichen die Kinder gemeinsam mit Pfeilen die Richtung des Zyklus.

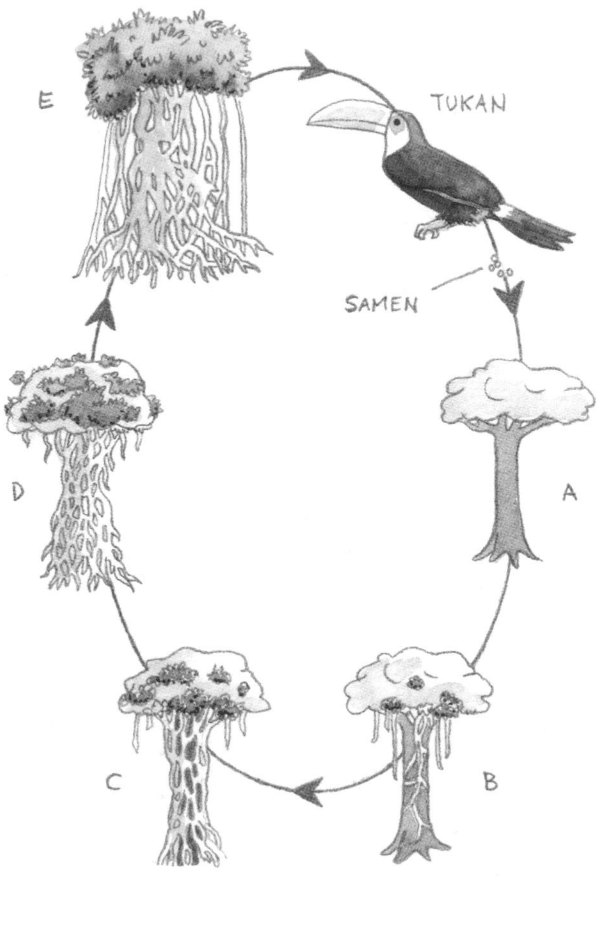

Lianen

Material: Bleistift, Tonpapier, Schere, Klebstoff, Klebestreifen, Schnur (grün oder braun), Buntstifte oder Wachsmalkreide
Alter: ab 4 Jahren

Blätter und Blumen mit Stiel auf das Tonpapier zeichnen und ausschneiden. Die Blumen bunt malen. Auf die Blätter mit dem Stift Blattadern einzeichnen. Den Stiel in der Mitte falten und hintereinander auf die Schnur mit Klebestreifen oder Klebstoff befestigt. Schmetterlinge aufzeichnen, ausschneiden und zwischen Blättern und Blüten ankleben.

Tarzanschaukel

Mitten im Regenwald versperrt uns ein Bach den Weg. Da wir nicht wissen, wie tief das Wasser ist, suchen wir uns eine stabile Liane, die von einem der großen Bäume fast bis zum Boden gewachsen ist. Jetzt müssen wir die Liane fest mit beiden Händen greifen, Anlauf nehmen und mit Hilfe der Liane über den Bach springen. Auf der anderen Seite angekommen, lassen wir die Liane los und landen auf den Füßen. Das nächste Kind nimmt die Liane und lässt sich ebenfalls von der Liane über den Bach tragen.

Material: 1 festes Seil, blaue Tücher, 1 mit Wasser gefülltes Planschbecken
Alter: ab 4 Jahren
Ort: draußen

Über einen Baum mit einem kräftigen, waagerecht abstehenden Ast das Seil werfen und fest verknoten. Das mit Wasser gefüllte Planschbecken genau unter das in etwa 50 cm Höhe hängende Seil stellen. Das erste Kind nimmt das Seil in beide Hände, geht ein paar Schritte zurück, um Anlauf zu nehmen, rennt los und lässt sich von dem Seil über das Wasser tragen.

Variante

Ist kein Planschbecken vorhanden, blaue Tücher als Wasser auf den Boden legen.

Die Bromelie

Bromelien sind Zierpflanzen mit langen, starren, am Rand mit Dornen besetzten Blättern und Blütenrispen, die zu den Ananasgewächsen gehören. Ihre Heimat ist Süd- und Mittelamerika. Sie wurzeln nicht im Boden, sondern leben als Epiphyten (➔ S. 36) auf Bäumen. Ihre Blätter sind trichterförmig angeordnet. In ihnen sammeln sich Regenwasser, Pflanzenreste, Pollen und Tierkot und bilden eine Nährlösung. Durch ihre körpereigenen feinen Wurzeln, die in diese Mikroteiche wachsen, ist die Pflanze in der Lage, die Lösung als Nahrung aufzunehmen. Diese Fähigkeit macht sie unabhängig vom Wirtsbaum. Baum und Bromelie bauen eine Koexistenz auf, ohne sich gegenseitig zu schädigen.
Der kleine Teich der Bromelie ist ein Mikrokosmos. In ihm leben Bakterien, Einzeller und Würmer. Die werden von Mückenlarven gefressen, die wiederum Nahrung für im Teich lebende Kaulquappen sind. Darüber hinaus wird der Mikroteich regelmäßig von Fröschen, Vögeln und Insekten gedüngt, die sich von den Kleinstlebewesen im und rund um den Mikroteich ernähren. Eine große Bromelie ist in der Lage, bis zu zehn Liter Wasser anzusammeln und 250 verschiedene Tierarten zu beherbergen.

Die Ananaspflanze – die bekannteste Bromelie

Die bekannteste Bromelie ist die Ananaspflanze. Durch die Anordnung ihrer Blätter lässt sich leicht der typische kleine Teich der Bromelie erkennen. Ananasfrüchte sind nicht nur gesund und schmecken gut, mit etwas Geschick kann man aus ihnen eine Ananaspflanze ziehen.

Material: 1 frische Ananas mit noch frischen grünen Blättern, 1 mittelgroßer Blumentopf, 1 scharfes Messer, Blumenerde, Sand, 1 Teller, 1 Plastiktüte
Alter: ab 4 Jahren (mit Hilfe eines Erwachsenen)

- Die Ananasfrucht 1–3 cm unterhalb der Rosette schneiden, dort sitzen die ersten kleinen Wurzelansätze.
- Die Schnittfläche 24 Stunden trocknen lassen.
- Die Blattrosette in eine Pflanzschale mit viel Sand und feuchter Erde stecken.
- Um das Wurzeln zu erleichtern, den Steckling mit einer Plastiktüte abdecken und an einen warmen, hellen Platz stellen.
- Nachdem sich Wurzeln gebildet haben an einem relativ trockenen, hellen bis halbschattigen Ort aufbewahren.
- Im Sommer braucht die Ananas viel Wasser und verträgt viel Wärme.
- Im Winter sollte sie kühl, bei 18°C aufbewahrt und wenig gegossen werden.
- Hat sich die Pflanze gut entwickelt, im Sommer bei warmem Wetter unter einen Baum stellen.

Tipp
Nicht vergessen, die Ananas zu gießen, falls es einige Tage nicht regnen sollte. Sie stammt aus dem Regenwald, braucht also

regelmäßig Feuchtigkeit. Da die Ananas zu den Bromelien gehört, sammelt sich im Zentrum der Pflanze Wasser an. Jeden Tag nach dem Gießen oder wenn es geregnet hat, nachsehen, wie viel Wasser sich im Zentrum der Pflanze angesammelt hat. Vielleicht finden sich ja Insekten im Wasserspeicher der Pflanze. Natürlich sind die Bromelien im Regenwald größer, breiter und in der Mitte tiefer als diese Ananas. Trotzdem gibt die Ananas den Kindern einen kleinen Einblick in das Leben im Regenwald.

Regenwaldbromelie mit einem Pfeilgiftfrosch

Material: Pappbecher, Klebstoff; grünes, rotes und weißes Tonpapier, Farbstifte, Schere
Alter: ab 4 Jahren

Vorlage A auf das rote Tonpapier übertragen und ausschneiden.
Das rote Papier um den Pappbecher wickeln und zusammenkleben
Vorlage B auf das grüne Tonpapier übertragen und ausschneiden.
Das grüne Papier um den Pappbecher wickeln und zusammenkleben.
Den Pfeilgiftfrosch auf das weiße Tonpapier übertragen; die Beine blau anmalen, den Rest des Körpers rot; den Frosch ausschneiden und auf ein Blatt der Bromelie kleben.

Durch den Nebelwald

Nr. 6

T. & M.: Pit Budde / Lingala T.: Carlos Mampuya

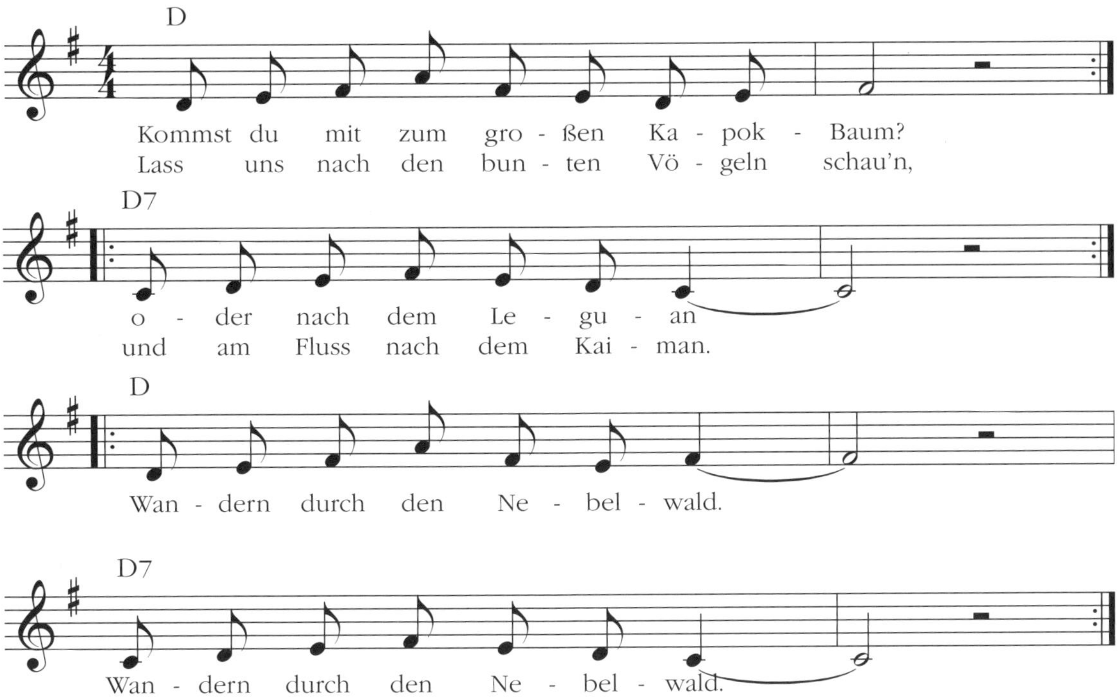

Kommst du mit zum großen Kapok-Baum?
Lass uns nach den bunten Vögeln schau'n
Oder nach dem Leguan
Und am Fluss nach dem Kaiman.
Wandern durch den Nebelwald.
Wandern durch den Nebelwald.

Mboka monene bato ba panzeli ngai mboka.
Zamba monene bato ba bomeli ngai zamba.

Kommst du mit zum großen Mango-Baum?
Lass uns nach den flinken Affen schau'n
Oder nach dem Gürteltier,
Vielleicht sehn wir den Tapir.
Wandern durch den Nebelwald.
Wandern durch den Nebelwald.

Zamba monene natika eh,
Ba panzeli ngai zamba nako lia wapi eh eh.
Ndako na tonga na matiti babuaki ba tumbi.
Nako lala wapi eh eh,
Botika la vie eh continue.
Banani batumbeli ngai zamba ah ah.
Bandeke na likolo bako lela lisusute.
Ba niama na zamba baza lisusu te.
Iye lama iye seme yele pasi, boyokanga.

Übersetzung
Ich lebte in einem großen Dorf, doch das Dorf wurde zerstört.
Ich lebe in einem großen Wald, doch der Wald wurde zerstört.
Der große Wald, jetzt ist er zerstört!
Doch wo soll ich mein Essen noch finden?
Meine Hütte aus Stroh, sie ist abgebrannt.
Wo soll ich jetzt leben?
Das Leben muss doch weitergehen!
Wer hat meinen Wald abgebrannt?
Jetzt singen die Vögel nicht mehr!
Die Tiere sind fort und weitergezogen.
Was soll ich nur tun? So hör mir doch zu!

Früchte aus dem Regenwald

Papaya essen und pflanzen

Es existieren unterschiedliche Sorten von Papayas in verschiedenen Farben und Größen. Ganz gleich ob sie grün oder gelb, groß oder klein sind, Papayas müssen weich sein, wenn sie gegessen werden.

Material: ½ reife Papaya für jedes Kind, Küchenmesser, Zitronensaft, Teelöffel, Blumentöpfe, Blumenerde

Essen
Die Papaya halbieren und die Kerne mit dem Teelöffel herausschaben. In die ausgehöhlte Frucht etwas Zitronensaft geben und die Papaya auslöffeln.

Pflanzen
Die Blumentöpfe zu zwei Dritteln mit Erde füllen.
Einige gesäuberte Kerne in den Blumentopf legen, etwas Erde darauf schütten und an einen warmen Ort stellen.
Sind die kleinen Papayapflanzen einige Zentimeter hoch, werden sie vereinzelt.
Die Pflanzen müssen im Haus überwintern.

Mango

Auch Mangos sind erst dann reif, wenn sie weich sind. Aus unreifen, harten Mangos wird in vielen Ländern Mango Chutney hergestellt.

Material: Mangos, Messer, Teller

Die Mangos schälen, dann Stücke abschneiden und auf einem Teller servieren. Das restliche Fruchtfleisch kann vom Kern abgeknabbert werden.

Regenwaldfrühstück

Einige Früchte, die viele Kinder gerne essen, stammen ursprünglich aus dem Regenwald.

Material: Regenwaldfrüchte, z. B. Bananen, Ananas, Papaya, Mango, Avocado, Kakao, Milch
Alter: ab 4 Jahren

Zum Auftakt eines Regenwaldprojektes in der Einrichtung treffen sich die Kinder zum Regenwaldfrühstück. Die Früchte zu einem Obstsalat verarbeiten oder einzeln auf Tellern garnieren. Als Getränk Kakao mit Milch anrühren.

Erdnussbutter selbst herstellen

Erdnussbutter, gesüßt oder gesalzen, gibt es nicht nur im Supermarkt.

Material: Erdnüsse in der Schale, Fleischwolf, Salz, Honig

Zubereitung
Die Erdnüsse schälen und durch den Fleischwolf drehen. Das sich absetzende Öl unterrühren und nach Geschmack mit Honig süßen oder salzen.

Regenwald-Shake

Aus Regenwaldfrüchten schmackhafte Mischgetränke zaubern.

Material: ½ l Orangensaft, 1 Banane, ½ Papaya oder Mango, Zimtpulver, Ingwerpulver, Messer, Gabel, Teelöffel, Teller, Rührgerät
Alter: ab 4 Jahren (mit Hilfe eines Erwachsenen)

Die Banane schälen und auf dem Teller mit der Gabel zerdrücken.
Die Papaya halbieren, die Kerne mit dem Teelöffel entfernen, eine Hälfte schälen und in kleine Stücke schneiden.
Papayastücke und Bananenmus in ein hohes Gefäß geben, den Orangensaft dazu schütten. Je eine Messerspitze Zimt- und Ingwerpulver hinein geben und gut durchrühren. Ist der Shake nicht flüssig genug, noch etwas Orangensaft dazugeben.

Regenwald-Durstlöscher

Mit kaltem Wasser verdünnte Säfte von Regenwaldfrüchten sind ein hervorragender Durstlöscher.

Material: 1 reife Papaya, Mango oder Ananas (je nach Geschmack), Messer, Mixstab, hohes Gefäß, Milchglas, gekühltes Wasser, flüssiger Honig, Teelöffel

Zubereitung
Die **Papaya** halbieren, die Kerne entfernen, beide Hälften schälen, in kleine Stücke schneiden und mit dem Mixstab pürieren.
Die **Mango** schälen, Stücke abschneiden und pürieren.
Die **Ananas** in Scheiben schneiden, die Schale entfernen, in kleine Stücke schneiden und pürieren.
Das Glas zur Hälfte mit dickflüssigem Saft füllen, gekühltes Wasser hinzufügen, umrühren und nach Bedarf mit Honig nachsüßen.

Variante: Regenwald-Milch-Shake
Das Getränk wie oben zubereiten, aber mit kalter Milch statt mit Wasser auffüllen.

Gebratene Kochbananen

Neben den großen gelben Bananen wachsen in den Tropen noch einige andere Bananenarten, z.B. die kleinen roten oder gelben Bananen, die sehr süß schmecken, und die Kochbanane. Kochbananen sind für viele Völker ein Grundnahrungsmittel wie bei uns Kartoffeln. Es gibt sie mittlerweile bei uns in afrikanischen und asiatischen Lebensmittelläden zu kaufen, manchmal auch im Supermarkt. Sie sind größer als die „normalen" Bananen, grünlich und haben eine harte Schale.

Material: 4 Kochbananen (für 6 Personen), großer Kochtopf, Öl, Pfanne

Zubereitung
Die Kochbananen ungeschält 30 Minuten lang in reichlich Wasser kochen. Nach dem Abkühlen die Bananen schälen, der Länge nach in Scheiben schneiden und in heißem Öl goldgelb braten.

Frischer Atem aus dem Regenwald

Um einen frischen Atem zu bekommen, putzen sich die Kinder in Europa die Zähne oder kauen ein Kaugummi mit erfrischendem Pfefferminzgeschmack. Aber es gibt noch eine andere Möglichkeit mit Hilfe einer Regenwaldpflanze.

Material: 1 Stück Zimtrinde (z.B. vom Kräuterstand auf dem Markt)
Alter: ab 4 Jahren

An einer Ecke der Zimtrinde ein wenig lutschen, bis sie weich geworden ist. Dann ein kleines Stückchen abbeißen, darauf herumkauen und im Mund zergehen lassen.

Avocado

Die Avocado ist eine Beerenfrucht und gehört zu den Lorbeergewächsen. Der bis zu 15 m hohe Baum stammt ursprünglich aus Zentralamerika. Bei Ankunft der Spanier war die Avocado bereits eine wichtige indianische Kulturpflanze. Heute wird die Avocado in den tropischen Gebieten der ganzen Welt angebaut. In Südostasien und Hawaii wird das Fruchtfleisch gezuckert und mit süßem Fruchtsaft vermischt. Außerdem ist die Frucht Bestandteil von Hautcremes. Der Stein der Avocado enthält einen milchigen Saft, der rot oxidiert. Er wird von den Indianern als Tinte und Färbefarbe verwendet.

Material: für jedes Kind 1 halbe Avocado, Messer, Teelöffel, Salz und Pfeffer oder Zucker

Die Avocados der Länge nach halbieren, den Stein herausnehmen, mit Salz und Pfeffer oder ein wenig Zucker bestreuen und auslöffeln.

Avocado-Suppe

Diese Suppe ergibt eine vollwertige Mahlzeit an heißen Tagen.

Material: 225 ml Gemüsebrühe, 2 große, reife Avocados, Gabel, 2 El Limonensaft, 150 ml Milch, Salz und Pfeffer, Mixstab

Zubereitung
Die Gemüsebrühe kochen und erkalten lassen. Die Avocados schälen, die Kerne herausnehmen und das Fruchtfleisch mit einer Gabel zerquetschen. Das Avocadomus mit der Gemüsebrühe und dem Limonensaft pürieren. Die Milch unter ständigem Umrühren hinzufügen. Mit Salz und Pfeffer abschmecken und im Kühlschrank aufbewahren. Gut gekühlt servieren.

Avocado aus Kernen ziehen

Material: 1 Avocadokern, Eierbecher oder kleines Glas, Wasser, Blumentopf, Blumenerde
Alter: ab 4 Jahren

Den Avocadokern vom Fruchtfleisch säubern und mit der dicken Seite nach unten in einen halb mit Wasser gefüllten Eierbecher stellen. Dabei soll das untere Drittel des Kerns im Wasser stehen. In den folgenden Wochen regelmäßig das Wasser nachfüllen und auswechseln. Nach einiger Zeit platzt der Kern, es wachsen Wurzeln und die Pflanze bricht heraus. Den Kern vorsichtig in einen mit Erde gefüllten Blumentopf setzen, so dass der obere Teil des Kerns aus der Erde ragt.

Tipp
Die Pflanze im Winter an einen warmen, hellen Ort in der Wohnung stellen und gut feucht halten. Im Sommer die Avocadopflanze in den Garten oder auf den Balkon stellen.

Achtung
Die Avocado verträgt keinen Frost!

Maniok-Chips

In vielen Gegenden der Welt ist Maniok eines der Grundnahrungsmittel. In Amazonien wächst der Maniok auf Feldern, die tief im Wald angelegt sind. Den Bewohnern des Regenwaldes ist es gelungen, mehr als Hundert verschiedene Maniokksorten zu züchten, jede angepasst an die jeweiligen ökologischen Bedingungen. Die Menschen in Amazonien verarbeiten die Maniokwurzel meist zu einem Fladenbrot, das sie mit Fisch oder Fleisch essen. Die Zubereitung ist sehr aufwändig. Die Flüssigkeit in der Maniokwurzel ist giftig und wird vor der Weiterverarbeitung vollständig aus der Wurzel gepresst.
Den Maniok zu ernten und zuzubereiten ist meist die Aufgabe der Frauen. Sie ziehen die Wurzel aus der Erde, waschen und schälen sie. Daraufhin zerstoßen die Frauen den Maniok mit dem Rallador, einem Holz, an dem kleine scharfe Steine befestigt sind, zu einem wässerigen Teig. Der Teig wird etliche Male gewaschen und durchgeseiht. Der aufgefangene Saft wird gekocht, um die restlichen Giftstoffe zu vernichten. Danach können aus ihm Getränke wie Manicuera und Tucupi hergestellt werden. Der trockene Maniokteig wird zu Fladen geformt, über dem offenen Feuer gebacken oder in der Sonne getrocknet. Dieses Fladenbrot sieht aus wie eine dicke Tortilla. Maniok zu verarbeiten dauert einen ganzen Tag.
Maniokwurzeln gibt es oftmals in afrikanischen und asiatischen Lebensmittelläden zu kaufen.

Material: 1 Maniokwurzel, 1 Tasse Öl, Küchenpapier, Salz

Zubereitung
Die Maniokwurzel schälen und mit einem Schälmesser in papierdünne Streifen schneiden. Das Öl in der Pfanne erhitzen und die Streifen goldbraun braten, aus der Pfanne nehmen, kurz abtropfen lassen und nach Geschmack salzen.

Variante
Die Maniokwurzel schälen, etwa 20 Minuten kochen und nach dem Abkühlen in 5 cm lange, fingerdicke Scheiben schneiden und in heißem Öl goldbraun braten.

Fufu

Fufu ist die Lieblingsspeise vieler afrikanischer Völker. Wegen seiner festen Konsistenz kann man aus Fufu mit der rechten Hand mundgerechte Bällchen formen. Sie tunkt man in die Beilage oder Soße und führt sie zum Mund. Dabei ist die Hygiene, das Waschen der Hände vor und nach dem Essen, wie bei allen Völkern, die mit den Händen essen, eine absolute Selbstverständlichkeit. Die Zutaten werden in afrikanischen und asiatischen Lebensmittelläden angeboten.

Zutaten: 1 kg Maniok, Yams, Süßkartoffeln oder Kochbananen, 1 Prise Salz, Mixstab; evtl. gekochtes Gemüse, Kokosraspeln, Tomaten- oder Erdnusssoße; evtl. Kartoffelpüree, Kartoffelstärke

Zubereitung
Die Knollen schälen, in Stücke oder Scheiben schneiden, 20 Minuten in Salzwasser garen und anschließend pürieren.
Das Mus in einem Topf langsam erhitzen. Bei mittlerer Temperatur unter ständigem Rühren kochendes Wasser zugeben, bis die Masse eine weiche und doch feste Konsistenz annimmt.
Als Beilage oder Sauce gekochtes Gemüse mit Kokosraspeln, Tomaten- oder Erdnusssoße servieren.

Variante
Als Basis Kartoffelpüree und Kartoffelstärke im Verhältnis 3 zu 1 mischen.

Bei Tukan und Ameisenbär in Südamerika

Die größten Regenwaldgebiete der Erde befinden sich in Südamerika. Besonders der Amazonas und seine vielen Nebenflüsse, die ein Fünftel des weltweit existierenden Süßwassers speichern, sind Lebensadern für 6 Millionen Quadratkilometer Regenwald. Viele Länder wie Brasilien, Bolivien, Kolumbien, Ekuador, Peru, Venezuela, Surinam, Guyana, Panama und Costa Rica besitzen intakte Regenwälder mit einer unüberschaubaren Vielfalt an Tieren und Pflanzen. Jaguar, Puma, Ozelot, Alligator, Tapir, Affen, Ameisenbär, Gürteltier, Anakonda, Piranha und auch etwa 50 Prozent aller weltweit vorkommenden Vogelarten leben hier.

Viele indigene Völker mit eigenen Sprachen und Kulturen siedeln seit Tausenden von Jahren im Regenwald. In der Vergangenheit lebten sie von der Jagd, vom Fischfang und von ihren kleinen, auf Rodungen angelegten Feldern und Gärten. Blasrohr, Speer sowie Pfeil und Bogen waren ihre Jagdwaffen. Kleidung und Körbe webten sie aus Pflanzenfasern und Baumrinde. Ihre Körper bemalten sie mit vielfältigen Mustern. Einbaum-Kanus waren das beste und schnellste Fortbewegungsmittel. Einige Völker lebten nomadisch, andere in Dörfern mit befestigten Häusern. Die Hängematte war das typische Bett im Regenwald. Tag und Nacht brannten die Kochstellen. Männliche und weibliche Schamanen galten als Vermittler zur Welt der Geister, aber auch als Kräuterkundige und Heiler.

Seit Hunderten von Jahren leiden die Regenwaldindianer unter den eingeschleppten Krankheiten der Europäer, unter ihrem Landhunger und der Ausbeutung der Wälder. Millionen wurden getötet, vertrieben oder entwurzelt. Viele leben heute in Reservationen und Biosphären-Reservaten. Doch nach wie vor gibt es Massaker und Übergriffe von Goldsuchern, landhungrigen Farmern und Privatarmeen der Konzerne.

Gleichzeitig schließen sich verschiedene indigene Völker zusammen, um ihre Rechte durchzusetzen, kämpfen gemeinsam mit westlichen Unterstützern für den Erhalt ihrer Kultur in einem intakten Regenwald. Andere ziehen sich tief in den Wald zurück und vermeiden jeden Kontakt mit der Außenwelt.

Wie der Amazonas entstand

Eine Geschichte aus Peru

Vor langer, langer Zeit lebte ein alter Mann mit seinen beiden Enkeln tief im Wald. Jeden Morgen, noch bevor die Sonne über dem Dschungel aufging, verließ der Alte das Haus und ging in den Wald. Jeden Mittag kehrte er mit zwei großen Tontöpfen voller Wasser zurück. Niemand wusste, woher er das Wasser holte, doch alle waren glücklich darüber, sauberes, gut schmeckendes Wasser zu trinken. Die beiden Jungen fragten sich oft: „Wo mag er nur das gute Wasser herholen?“

Eines Tages beschlossen sie, ihrem Großvater heimlich zu folgen. Sie wollten endlich wissen, woher das Wasser stammte. Drei Stunden folgten sie ihm durch den Dschungel. Immer wieder versteckten sie sich hinter riesigen Bäumen, wenn der Großvater sich umdrehte. Schließlich blieb der Alte vor einem merkwürdigen Baum stehen. Die Kinder trauten ihren Augen kaum. Aus dem Baum floss ein kleiner Wasserstrahl. Der alte Mann füllte seine beiden Tonkrüge mit Wasser und machte sich schwer beladen auf den Heimweg. Er hatte seine Enkel, die ihn beobachteten, nicht bemerkt. Kaum war der Alte außer Sichtweite, schauten sich die beiden Kinder den Baum genauer an. Es war wie ein Wunder, das Wasser floss ohne Unterlass. Die beiden überlegten. Wenn aus einem kleinen Loch im Baum so viel Wasser fließt, wie mag es erst sein, wenn wir ihn fällen? Dann braucht Großvater nicht mehr jeden Tag das Wasser so weit zu schleppen. Mit einer Steinaxt schlugen sie den Baum bis er umstürzte. Gewaltige, nicht endende Wassermengen flossen aus ihm.

Aus dem Stamm des Baumes wurde der Amazonas. Die vielen Äste wurden zu den Nebenflüssen, deren Wasser in den Amazonas fließen. Aus den Blättern wurden die Fische, die in den Flüssen schwimmen, und die Vögel, die am Flussufer leben.

Die Indianer des Regenwaldes

Als die Portugiesen nach Lateinamerika kamen, lebten im heutigen Brasilien drei bis sechs Millionen Indianer. Die Eroberung durch die Europäer hatte für sie katastrophale Folgen. Heute gibt es nur noch 250 000 Ureinwohner in Brasilien. Im Amazonas-Gebiet leben noch einige Völker in fast völliger Isolation von der sie umgebenden Zivilisation. Viele „integrierte“ Indianer und *Caboclos,* wie die Menschen mit europäischen und indianischen Vorfahren genannt werden, wohnen in kleinen Holzhäusern an den Flussufern. Sie betreiben Landwirtschaft, ernten Kautschuk und fahren mit ihren Booten, den Pirogen, in die Städte, um dort Handwerksprodukte zu verkaufen oder zu tauschen. Weiter im Inneren des Regenwaldes leben die Indianer in kleinen Verbänden von vier bis fünf Familien, denen etwa fünfzig Menschen angehören. Ihre Häuser bauen sie mit den Materialien, die der Wald für sie bereit hält. Sie bedecken ein Holzgerüst mit Pflanzenfasern oder getrockneten

Palmblättern. Schon früh beteiligen sich die Kinder an den gemeinschaftlichen Aufgaben, vor allem an der Jagd und dem Fischfang. In den Wasserläufen werfen sie Speere auf Fische oder schießen sie mit Pfeil und Bogen ab. Doch gibt es auch andere Methoden. Die Indianer kennen eine Pflanze, die sie ausreißen und im Wasser hin- und herbewegen. Aus dieser Pflanze entweicht ein Saft, der die Fische betäubt. So können sie bequem aus dem Fluss gesammelt werden. Mit Pfeil und Bogen oder mit dem Blasrohr jagen die Männer Säugetiere und Vögel im dichten Urwald. In der Nähe des Dorfes bauen die Frauen in kleinem Umfang Maniok, Bananen und andere Früchte an. Sie kochen auf Feuerstellen aus Stein, sie weben und flechten Kleidung, Decken und Hängematten, töpfern und erziehen die Kinder.

Heute ist die Lebensweise der Amazonas-Indianer durch die vorrückende Zivilisation bedroht. Unaufhörlich schieben sich neue Straßen in den Regenwald. Sie öffnen die Wildnis für Konzerne, die die Ressourcen des Urwaldes ausbeuten wollen. Mit jedem Tag wird der Lebensraum der indianischen Völker kleiner, sinken ihre Chancen, ungestört ihr überliefertes Leben fortzuführen. Einige Völker leben in ständigem Konflikt mit Großgrundbesitzern, Goldwäschern, Ölfirmen, Straßenbauern und Minengesellschaften. Berichte von Massakern in indianischen Dörfern durch private „Schutztrupps" der Firmen sind nicht selten. Selbst in den Reservationen, die ihnen zugewiesen wurden, sind sie vor Störungen und Angriffen nicht sicher.

Maloka – Großhaus am Amazonas

In vielen Regenwaldgebieten leben die Ureinwohner in Großhäusern. Mehrere Familien einer Sippe, bis zu 100 Menschen, teilen sich den Platz in einem der geräumigen Häuser. Im nordwestlichen Amazonas-Gebiet werden sie Maloka genannt. So ein Großhaus ist mehr als nur ein Dach über dem Kopf. Es repräsentiert das menschliche Leben im Urwald. Für die Ureinwohner symbolisiert die Maloka den Kosmos und den Kreislauf des menschlichen Lebens. Gemeinsame Rituale werden hier gefeiert, sie ist das Zentrum des rituellen und sozialen Lebens.

Der Bau eines Großhauses ist eine rituelle Handlung und erinnert an die Schöpfungsgeschichten der Indianer. Im Regenwaldklima verrotten die Baumaterialien innerhalb weniger Jahre. Dann wird die Maloka abgebrannt und damit der Erde zurückgegeben. Die Menschen leben im Schutz des Waldes, bis das neue Großhaus errichtet ist und der so symbolisierte Kreislauf des Lebens aufs Neue beginnt.

MALOKA

Das Gürteltier

Nr. 12

T. & M.: trad. aus Brasilien / dt. Text: Pit Budde

Sag, hilfst du mir?
Wir suchen ein Gürteltier,
wir suchen ein Gürteltier.

Das Gürteltier,
das möchte ich fangen mit dir,
das möchte ich fangen mit dir.

Dann spielen wir
mit unserem Gürteltier,
mit unserem Gürteltier.

E par e par
I otika oleah
I otika oleah

Bero bero
I otika oleah
I otika oleah

Tideho serepamo
I otika oleah
I otika oleah

Blasrohr

Material: 1 dünnes Rohr aus Pappe oder Plastik (ø ca. 1 cm, 50 cm lang), Buntstifte oder Wasserfarbe, Haushaltskrepp, Holz-, Plastik oder Styroporringe (ø ca. 20 cm), Band
Alter: ab 4 Jahren

Das Blasrohr bunt bemalen.
Das Haushaltskrepp zerreißen und kleine Kügelchen formen.
Den Ring in einer Entfernung von etwa 3 m in Kopfhöhe der Kinder aufhängen.

Jedes Kind legt ein Papierkügelchen in das Blasrohr, pustet kräftig und zielt gut, um es durch den Reifen zu treffen.

Federschmuck

Federn sind als Schmuck bei den Indianern in ganz Amerika beliebt. Benutzen die Indianer Nordamerikas vor allem die Federn von Greifvögeln wie dem Steinadler, so sind in Lateinamerika die bunten Federn der Regenwald-Vögel besonders begehrt. Sie können im Haar getragen werden, als Schmuck am Oberarm, als Nasenschmuck oder in einer Vielzahl von traditionell sehr kunstvoll gefertigten Federhauben. Daneben stellten die indianischen Völker schon vor der Ankunft der Europäer wunderschöne Fächer und Kronen aus Federn her. Als besondere Kunst galten Mosaiken aus kleinen Federn.
Papageienfedern und ähnliche Federn in bunt leuchtenden Farben sind manchmal im Zoo zu bekommen. Am besten einen Wärter fragen, vielleicht haben die Vögel gerade ein paar Federn verloren. Gefärbte Federn von Gänsen gibt es im Bastelladen. Wer sich eine Papageien-Feder aus Papier selbst basteln möchte, kann dies natürlich auch tun.

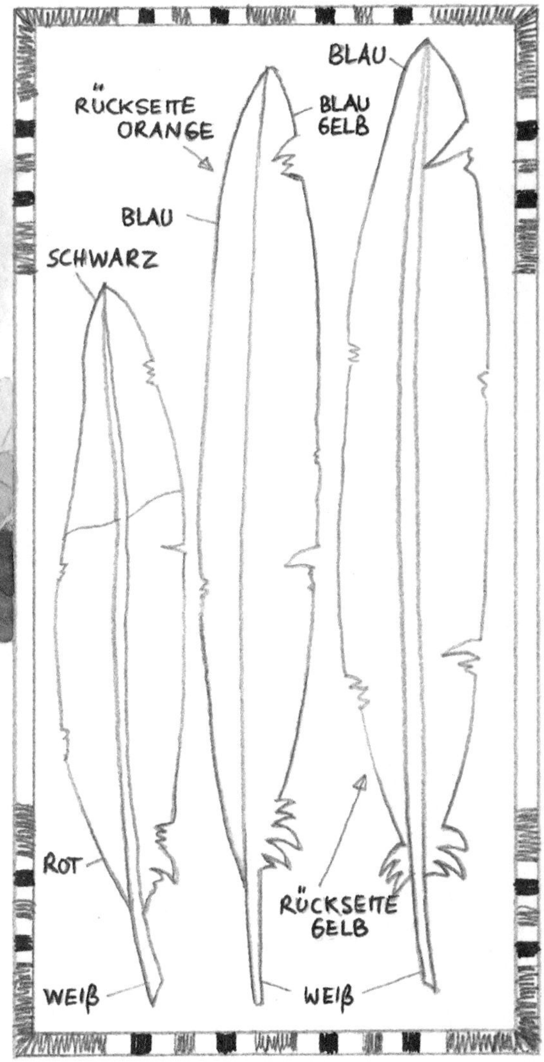

Papageien-Feder aus Papier

Material: weißer Tonkarton, Bleistift; Schere, dünne Holzstückchen oder Trinkhalme, Klebstoff; Farbstifte oder Wasserfarbe
Alter: ab 4 Jahren

Die Federform der Vorlage zweimal auf das Tonpapier übertragen und ausschneiden. In den angegebenen oder anderen gewünschten Farben ausmalen. Die beide Seiten mit Klebstoff versehen, den Halm dazwischen legen und alle drei Teile zusammenkleben.

Feder-Kopfschmuck

Material: 10–20 Federn aus Papier (echte Federn, falls vorhanden), Wellpappe, Zentimetermaß, Schere, Klebstoff, Farbstifte oder Wasserfarbe, Tacker
Alter: ab 4 Jahren (mit Hilfe eines Erwachsenen)

Mit dem Zentimetermaß den Kopfumfang des Kindes messen.
Einen Streifen Wellpappe von 5 cm Breite ausschneiden, der 3–5 cm länger ist als der Kopfumfang.
Den Streifen bemalen.
Die Papierfedern in einer schönen Reihenfolge zur Probe auf den Streifen legen; sind es zu wenige, weitere basteln.
Das Stirnband in der gemessenen Länge zusammenkleben und tackern.
Die Federkiele mit Klebstoff bestreichen, in einer Reihe in die Wellpapperillen des Stirnbandes stecken und festkleben.

Kopfschmuck aus Strohhalmen

Material: Pappteller, Naturstrohhalme, Schere, Tacker, Farbstifte, Locher, Hutgummi
Alter: ab 4 Jahren (mit Hilfe eines Erwachsenen)

Den Pappteller in der Mitte durch- und den Boden ausschneiden.
Die Halme nebeneinander in die Rillen einer Hälfte des Papptellers kleben, bis ein kompletter Kopfschmuck entstanden ist.
Die andere Hälfte darüber kleben und trocknen lassen.
Jeweils nach 1 cm zusätzlich festtackern.
Den Kopfschmuck bunt anmalen.
Nach dem Trocknen an den unteren Enden die Pappe lochen, das Hutgummi durchziehen und verknoten.

Bast-Kopfschmuck

Material: Bast, schwarzer Baumwollfaden, Schere, dünnes Stirnband, 1 große, bunte Feder
Alter: ab 4 Jahren

Einen Strang Bast auf eine Länge von 50 cm schneiden. Den Bast mit dem Baumwollfaden in zwei Strängen nebeneinander in der Mitte festbinden, das Stirnband hindurch schieben und alles fest verknoten. Das Stirnband an den Kopf des Kindes anpassen und hinter dem Kopf verknoten. Zuletzt die bunte Feder aufrecht in den Bast stecken.

Rassel-Gürtel

Bei ihren Tänzen benutzen die Regenwald-Indianer oft Fußrasseln oder Gürtel, die als Rasseln eingesetzt werden.

Material: Gürtel aus Stoff oder Leder, Muschelschalen oder Paranussschalen, Handbohrer, Nussknacker, Baumwollfaden, große Nadel (evtl. Ledernadel)
Alter: ab 4 Jahren (mit Hilfe eines Erwachsenen)

Die Kinder verzieren den Rassel-Gürtel mit Muschel- oder Nussschalen oder beidem. Mit dem Handbohrer in die Muschelschalen vorsichtig ein kleines Loch bohren. Die Paranüsse mit dem Nussknacker öffnen, die großen Stücke der Nussschalen ebenfalls durchbohren. Aus dem Baumwollfaden Stücke von 20 cm Länge schneiden, auffädeln und mit der Nadel durch den Gürtel stechen. An jedem Ende eine Muschel oder ein Stück Nussschale auffädeln und verknoten. Fortfahren bis der Gürtel ringsum mit Rasseln bestückt ist.

Was isst der Frosch?

Die Kinder der Tukano-Indianer aus Brasilien mögen das Frosch-Spiel Taroké. Sie raten dabei, was die Frösche im Regenwald essen. Ist die Antwort richtig, gehören sie ab sofort zur Gruppe des Frosch-Häuptlings. Ist die Antwort falsch, werden sie vom Frosch-Häuptling vergiftet und stellen sich tot.

Material: Federkopfschmuck (➜ S. 54) für 1 Kind
Alter: ab 4 Jahren

Ein Kind wird zum Frosch-Häuptling bestimmt und setzt sich die Federhaube auf den Kopf. Die anderen Kinder stellen sich in einer Reihe auf. Das Häuptlingskind denkt sich ein Regenwaldtier aus, von dem es das Lieblingsessen kennt, z.B. den Frosch. Es fragt eines der anderen Kinder: „Was isst der Frosch?" Kennt das Kind die richtige Antwort: „Mücken!", bekommt es die Federhaube, wird Frosch-Häuptling und denkt sich ein anderes Tier aus, dessen Nahrung es kennt. Kennt es die Antwort nicht, muss es das Spiel verlassen und das erste Kind spielt weiter.
Hier ein paar Tipps über die Essgewohnheiten der Tiere:

- Frosch: Mücken
- Kolibri: Nektar
- Tukan: Früchte
- Jaguar: Fleisch

Der hungrige Adler

Die Kinder der Canela-Indianer aus Brasilien kennen das Adler-Spiel. Der hungrige Adler ist auf der Suche nach Essen für sich und seine Jungen. Er sieht die Kinder und überlegt, welches er fangen soll. Er sucht sich das kleinste aus.

Material: Federschmuck (➜ S. 54)
Alter: ab 4 Jahren

Ein Kind wird zum Adler bestimmt. Es setzt sich den Kopfschmuck auf und bindet den Federschmuck an beide Arme. Der Adler fliegt vor den Kindern auf und ab.
Die Kinder stellen sich der Größe nach hintereinander, das größte nach vorn, das kleinste nach hinten. Das jeweils hintere Kind umfasst das vordere von hinten unter dessen Armen.
Der Adler kommt näher und ruft: „Piu, ich bin hungrig!"
Das erste und größte Kind zeigt seine Beine und ruft: „Tu senan sini, willst du die?"
Der Adler antwortet: „E pelá - Nein!"
Bei jedem Kind geschieht das gleiche, bis der Adler beim kleinsten angekommen ist.
Jetzt ruft er: „Iná - Ja!" und stürzt sich auf das Kind.
Die Kinder versuchen, ohne sich loszulassen, das Kleinste zu schützen und den Adler zu verjagen.
Schafft er es trotzdem, das Kind zu fassen, muss es loslassen und wird vom Adler in dessen Horst geschleppt.
Das Spiel beginnt von vorn und endet, wenn alle Kinder gefangen sind.

Medikamente nach dem Wissen der Schamanen und eine kleine Regenwald-Apotheke

Die Indianer Amazoniens verfügen über detaillierte botanische Kenntnis der Regenwaldpflanzen und über viel Erfahrung in der Heilkunst mit Kräutern. Durch den Einfluss europäischer Missionare wurden die Medizinleute und Schamanen lange Zeit geächtet. Ihre medizinischen Praktiken waren verboten. In der Folge ging unschätzbares Wissen über die medizinische Wirkung von Pflanzen aus dem Regenwald verloren. Heute interessieren sich weltweit operierende Pharma-Konzerne für dieses Wissen. Für sie ist der Regenwald mit seinem unvorstellbaren Reichtum an Arten ein Gen-Reservoire von unschätzbarem Wert. In jeder von der westlichen Medizin noch nicht „entdeckten" Pflanze mag sich ein bislang unbekannter Wirkstoff verstecken, aus dem Medikamente hergestellt werden können, die sich dann wiederum weltweit vermarkten lassen. Schon jetzt wird das von Medizinleuten erlangte Wissen um die Wirksamkeit bestimmter Pflanzen von Pharma-Konzernen patentiert, ohne jede Gegenleistung. Doch wem gehören die Ressourcen des Regenwaldes und das überlieferte Wissen der Heiler? Um die genetischen Ressourcen und das traditionelle Wissen der eingeborenen Völker zu schützen, sollte von den kommerziellen Nutzern ein finanzieller Ausgleich verlangt werden. Doch bis dahin ist noch ein weiter Weg. Die Ureinwohner wissen mehr über die Regenwälder, in denen sie leben, als die Wissenschaftler, die sie erforschen. Sie haben gelernt zu jagen, zu sammeln und im Wald Ackerbau zu betreiben, ohne dem Regenwald zu schaden. Sie wissen genau, welche Pflanzen und Tiere man essen darf und wo man sie findet. Sie wissen, welche Pflanzen Schmerzen verursachen, welche Wunden heilen und Fieber lindern. Etwa die Hälfte der Medikamente, die wir nutzen, stammen bereits aus dem Regenwald.

Viele Rohstoffe bzw. Produkte, die für uns eine große Rolle spielen, wie Kakao, Kautschuk, Ananas, haben wir von den Regenwaldmenschen kennen gelernt.

Wird der Regenwald zerstört, werden die Menschen, die im Regenwald leben, nicht nur ihre Heimat verlieren, sondern auch ihre kulturelle Identität. Ihr altes Wissen über den Regenwald und ihre einzigartige Kultur gehen verloren. Die Zerstörung des Regenwaldes zwingt mittlerweile viele von ihnen dazu, in den Minen als Landarbeiter oder sogar als Holzfäller zu arbeiten. Sie leben in Reservationen oder in Slums. Viele sterben an vorher im Regenwald unbekannten Krankheiten wie Masern oder Grippe. Wieder andere werden verhaftet oder getötet, weil sie gegen die Abholzung ihrer Heimat kämpfen.

Lapacho-Tee – zur Stärkung des Immunsystems

Der Lapacho-Baum (Tabebuia avellaneda) wird in den Regenwäldern Südamerikas bis zu 700 Jahre alt. Die innere, rote Rinde des Baumes wird zu einem Arznei-Tee verarbeitet. Der Baum bleibt dabei unverletzt, die Rinde wächst nach.

Zutaten: 2 El Lapacho-Rinde, 1 l Wasser, Honig
Zubereitung: Die Lapacho-Rinde fünf Minuten lang in einem Liter Wasser kochen, den Tee 20 Minuten ziehen lassen.

Vier Wochen lang täglich einen Liter Lapacho-Tee mit Honig gesüßt zwischen den Mahlzeiten trinken. Das stärkt das Immunsystem und reguliert die Darmtätigkeit.

Lapacho-Elixier

Es ist gar nicht schwer, eine einfache Heilsalbe mit Regenwaldzutaten herzustellen. Die Lapacho-Salbe stärkt die Abwehrkräfte und wirkt entzündungshemmend. Dazu benötigen wir zuerst Lapacho-Elixier.

Material: 3 Tl Lapacho-Rinde, 100 ml Alkohol (70 %), 1 dunkles verschließbares Glasgefäß
Alter: ab 6 Jahren (mit Hilfe eines Erwachsenen)

Drei Teelöffel gut zerkleinerte Lapacho-Rinde in 100 ml Alkohol (70 %) geben und kräftig durchmischen. Die Mischung in ein dunkles, verschließbares Glasgefäß geben und mindestens 10 Tage ziehen lassen. Täglich einmal kräftig durchschütteln.

Lapacho-Salbe

Material: 40 g Avocadoöl, 8 g Kakaobutter, 8 g Bienenwachs, 2 Tropfen Antiranz, Lapacho-Elixier (➜ linke Spalte), 1 alter Topf, Thermometer

Zubereitung
Avocadoöl, Kakaobutter, Bienenwachs und Antiranz in einen Topf geben und unter ständigem Umrühren auf 70 °C erwärmen. Bis auf 30 bis 35 °C abkühlen lassen, dann das Lapacho-Elixier unterrühren.

Parapara und Uruwuri, Schwirrhölzer der Kamuyará-Indianer

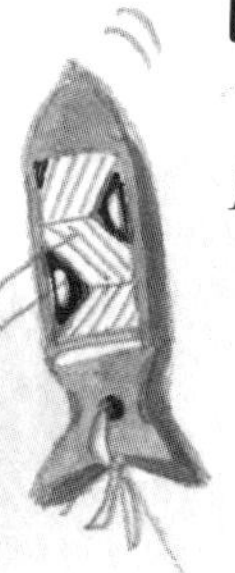

Das Schwirrholz ist eines der ältesten, zugleich ein einfaches und doch sehr wirkungsvolles Musikinstrument. Der Klang erinnert an das ferne Grollen des Donners oder an einen heftigen Wind. Die Kamuyará-Indianer in Brasilien bauen zwei verschiedene Schwirrhölzer, von denen das große Parapara, das kleinere Uruwuri genannt wird. Ungewöhnlich bei den Schwirrhölzern der Kamuyará ist, dass der Spieler das Instrument nicht direkt am Band hält, sondern an einem zusätzlichen Holzgriff am Ende des Bandes. Der Klang des Schwirrholzes entsteht, wenn es um den Kopf durch die Luft gewirbelt wird. Dabei muss es sich zusätzlich um die eigene Achse drehen. Falls kein Ton entsteht, das Holz mit der Hand drehen und es erneut versuchen.

Material für jedes Schwirrholz: festes, flexibles Band (100 cm lang), Säge je nach Härte des Holzes, Handbohrer, Rundholz (ø 1 cm dick, 20 cm lang), Schmirgelpapier; Holzraspel, Farbstifte oder Wasserfarbe
für das Parapara: 1 dünnes Holzbrett (0,5 cm × 40 cm × 5 cm)
für das Uruwuri: 1 Holz (20 cm × 3 cm)
Alter: ab 6 Jahren (mit Hilfe eines Erwachsenen)

Aus dem Holzbrett die Form eines langgezogenen Fisches schneiden oder sägen (➜ Vorlage).
1 cm oberhalb des Fischschwanzes zentral ein Loch durch das Holz bohren.
Alle Ecken und Kanten mit Raspel und Schmirgelpapier abrunden.
Nach dem vorgegebenen Muster oder eigenen Ideen bemalen.
Band durch das Loch ziehen und fest verknoten.
Das andere Ende des Bandes am Rundholz befestigen und fest verknoten.

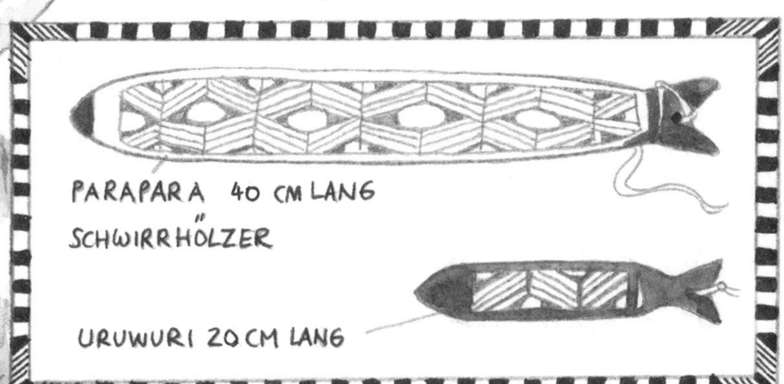

Warum Sonne und Mond im Himmel leben

Vor langer, langer Zeit wohnten Sonne und Mond noch zusammen auf der Erde. Eines Tages erwachten die beiden Freunde und waren sehr durstig. Sie überlegten, wo sie schnell etwas zu trinken finden würden, und beschlossen, ihre Nachbarn, die wilden Vögel, zu besuchen. Sonne und Mond kannten die Vögel gut. Sie wussten, die wilden Vögel sammelten Trinkwasser in großen Töpfen. Also hatten sie auch in der trockensten Zeit des Jahres immer genug.

So machten sich die beiden auf den Weg. Doch als sie bei ihren Nachbarn eintrafen, waren diese nicht bereit, ihnen etwas von ihrem Wasser abzugeben. Die Sonne schimpfte, denn sie war wirklich sehr durstig. In ihrer Wut schnappte sie sich einen der großen, mit Wasser gefüllten Töpfe und trank in großen Zügen. Und weil die Sonne so durstig war und so gierig trank, glitt ihr der Topf aus der Hand und zerbrach auf dem Boden. Das wertvolle Wasser versickerte im Boden.

Da wurden die Vögel sehr wütend, schimpften über den Wasserdieb und wollten sich auf Sonne und Mond stürzen. Die beiden rannten, so schnell sie konnten, in den Urwald. Die Vögel verfolgten sie, verloren aber bald ihre Spur, denn durch die dichten Baumkronen konnten sie nicht bis auf den Waldboden schauen.

Sonne und Mond hatten sich längst in einer kleinen, gut verborgenen Holzhütte versteckt. Dort fühlten sie sich sicher. Aber nicht lange! Denn jetzt suchten die Vögel den Waldboden nach dem Wasserdieb ab. Es waren viele wilde Vögel, und schließlich entdeckten sie Sonne und Mond in ihrem Versteck. Sie begannen zu schimpfen und drohten den beiden. Und dann geschah etwas Furchtbares. Die Sonne ärgerte sich und regte sich so sehr auf, dass sie knallrot und immer heißer wurde. Je mehr sie sich aufregte, desto heißer wurde sie, bis sie fast glühte. Die Vögel konnten diese furchtbare Hitze nicht ertragen. Um sich abzukühlen und vor der sengenden Hitze zu schützen, flatterten sie immer stärker mit ihren Schwingen. Schließlich entfachten sie solch einen Sturm, dass die Holzhütte zusammenbrach und Sonne und Mond in den Himmel geschleudert wurden.

Seit diesem Tag sind die Sonne und der Mond nicht mehr auf die Erde zurückgekehrt.

Der Tukan hat ein Ei gelegt

Material: 1 kleiner Ball oder 1 Plastik-Ei
Alter: ab 4 Jahren

Ein Kind spielt den Tukan und erhält das Ei. Ein anderes Kind sucht das Ei. Die restlichen Kinder bilden einen Kreis um das suchende Kind.
Der Tukan steht außerhalb des Kreises.
In einem unbeobachteten Moment steckt der Tukan einem Kind das Ei zu, das es schnell in seiner Kleidung versteckt. Damit es der Sucher nicht zu leicht hat, täuscht der Tukan an, mal hier oder dort das Ei weiterzugeben.
Ist das Ei versteckt, fassen sich alle Kinder an den Händen und tanzen im Kreis um das suchende Kind. Dabei singen sie: „Der Tukan hat ein Ei gelegt. Wo ist das Ei? Wo ist das Ei?“
Das suchende Kind versucht herauszubekommen, wer das Ei bei sich trägt. Nähert es sich dem Kind, das das Ei versteckt hat, singen die Kinder lauter. Entfernt es sich vom Ei, singen die Kinder leiser. Hat es schließlich das versteckte Ei gefunden, geht das nächste Kind in den Kreis und das Spiel beginnt von vorne.

Klotzlauf der Canela-Indianer

Die brasilianischen Canela-Indianer sind ein Volk von Läufern. Die Trockenperiode, die sie die „Fröhliche Jahreszeit“ nennen, ist eine Zeit der Wettläufe, Tänze und Gesänge. Für die Canela hängt der Fortbestand ihrer Welt von der Durchführung dieser Sommerrituale ab. Besonders wichtig sind dabei die Klotzläufe. Dazu formieren sich jeweils zwei Gruppen Männer oder Frauen und laufen gegeneinander. So eine Gruppe mag z. B. aus zwanzig jungen Männern bestehen. Die gegnerischen Gruppen treffen sich an einer verabredeten Stelle weitab des Heimatdorfes. Dort liegen zwei bis zu 150 kg schwere Holzblöcke aus einer Burunti-Palme bereit. Auf ein Zeichen schultern die ersten Läufer jeder Gruppe den Klotz und laufen in Richtung Dorf. Der Rest der Gruppe begleitet sie. Ermüdet der Läufer, übergibt er mit einer geschickten Körperdrehung den Klotz an einen seiner Mitstreiter. Der Lauf endet nach bis zu 20 km auf dem Dorfplatz, wo der letzte Läufer den Klotz von der Schulter wirft. Der Lauf der Frauen unterscheidet sich nur durch das geringere Gewicht der Holzklötze und eine kürzere zurückgelegte Strecke.
Fast täglich werden Klotzläufe in der Trockenzeit durchgeführt. Sie gelten als ein Ritual, das für Glück und Ausgeglichenheit der Dorfbewohner sorgt und so den Fortbestand der Welt der Canela sichert.

Material: 2 gleich große Paketrollen
Alter: ab 4 Jahren

In unserer vereinfachten Form des Klotztanzes kommt es uns nicht auf die Schwere des Klotzes an und auch nicht auf die zurückzulegende Strecke. Wir spielen einen Staffellauf. Die Spielleitung legt eine Laufstrecke fest, die jedes Kind beider Staffelgruppen zurücklegen muss. Das kann eine Runde in der Turnhalle sein oder auch 50 m auf dem Sportplatz. Jede Gruppe bekommt nun eine Paketrolle und legt die Reihenfolge der Läufer fest. Nach dem Startzeichen nehmen die ersten laufenden Kinder ihre Paketrolle auf die Schulter, halten sie mit einer Hand fest und benutzen den anderen Arm, um Schwung zu holen. Die Übergabe der Paketrollenstaffel geschieht von Schulter zu Schulter, die Staffel soll dabei nur mit einer Hand übergeben werden.

Lasten tragen

Um das zu transportierende Gewicht gleichmäßig zu verteilen, aber auch um beim Gehen die Hände für einen Stock frei zu haben, tragen viele Indigene ihre Lasten in einer Tasche, deren breiten Henkel sie über die Stirn ziehen.

Material: 2 Einkaufstaschen mit langem Henkel, 2 Tücher, Obst, kleine Spielzeuge, Hefte, 2 Tische
Alter: ab 4 Jahren

Vorbereitung

Die Kinder bilden zwei Gruppen. Innerhalb der Gruppen teilen sich die Kinder in Träger und Packer. Sie wickeln die Tücher um die Henkel der beiden Taschen, um die Auflagefläche zu vergrößern. Dann legen sie die Henkel über die Stirn und suchen leicht vornüber gebeugt die bequemste Haltung zum Gehen. Nach einigen Metern geben sie die Tasche an das nächste Kind weiter. Das üben sie eine Weile, bis jeder sicher ist.
An einem Ende eines größeren Raumes stellen sie zwei Tische nebeneinander und bestücken sie mit einer gleichen Menge von Obst, Spielzeug, Heften und anderen Gegenständen.

Spiel

Nach dem Startzeichen füllen die Packer jeder Gruppe so schnell es geht die Taschen, die Träger nehmen die Tasche, ziehen die Henkel über die Stirn und tragen sie so zum anderen Ende des Raumes. Dort laden sie die Gegenstände aus und laufen schnell zurück, um neue zu holen.
Dasjenige Team gewinnt, das als erstes alle Gegenstände von einem Ort zum anderen geschleppt hat.

Die Mädchen suchen die Jungen aus

Für Regenwaldvölker waren Pfeil und Bogen lange Zeit die wichtigste Jagdwaffe. Unser Pfeil-und-Bogen-Set dient anderen Zwecken. Bei den Canela-Indianern sind es meist die Mädchen, die sich einen Freund aussuchen, nicht die Jungen. Nach einer Heirat zieht der Bräutigam in die Familie der Braut. Während eines Rituals schießen sich die jungen Mädchen einen Jungen, mit dem sie befreundet sein wollen. Sie haben einen kleinen, nicht sehr gespannten Bogen mit Pfeilen, deren Spitzen mit Tuch umwunden dick und stumpf sind und niemanden verletzen können. Ein Mädchen nimmt den Bogen und sucht nach dem Jungen, der ihr gefällt. Hat sie ihn entdeckt, versucht sie ihn mit dem stumpfen Pfeil zu treffen, um so vor allen ihre Zuneigung zu zeigen.

Material: 4 biegsame Stöcke (ca. 50 cm lang), Feile, Draht, Band oder Nylonsaite, Schere, Stofffetzen, 1 buntes Tuch
Alter: ab 4 Jahren (mit Hilfe eines Erwachsenen)

Pfeil
Die Stöcke zu Pfeilen verarbeiten. In das eine Ende eine schmale Kerbe feilen, die Spitze mit einem Stofffetzen umwickeln und mit dem Band festzurren.

Bogen
In beide Enden eines Stockes runde Kerben feilen, die Saite um eine Kerbe schlingen und fest verknoten. Den Stock mit diesem Ende auf den Boden stellen, rund biegen, das andere Ende der Saite um die zweite Kerbe schlingen und ebenfalls fest verknoten. Den Stock langsam entspannen, bis er in der Bogenform bleibt.

Tanzkleidung der Mädchen
Zum Tanz binden sich die Mädchen ein buntes Tuch um die Hüften, ähnlich wie ein großes Handtuch nach dem Duschen. Darüber tragen sie ein buntes T-Shirt.

Tanz
Die Jungen tanzen im „Hacke-Spitze-Schritt" über den Platz, die Mädchen beobachten sie. Das erste Mädchen nimmt sich Pfeil und Bogen und stellt sich in die Nähe der tanzenden Jungen. Dann schießt sie schnell ihren Pfeil auf die Beine des Jungen, den sie ausgewählt hat. Merkt es der Junge zu früh, kann er zur Seite springen und das Mädchen trifft den Falschen. War das erste Mädchen erfolgreich, ist das zweite an der Reihe. Die getroffenen Jungen sind die Partner der Mädchen beim anschließenden Tanz.

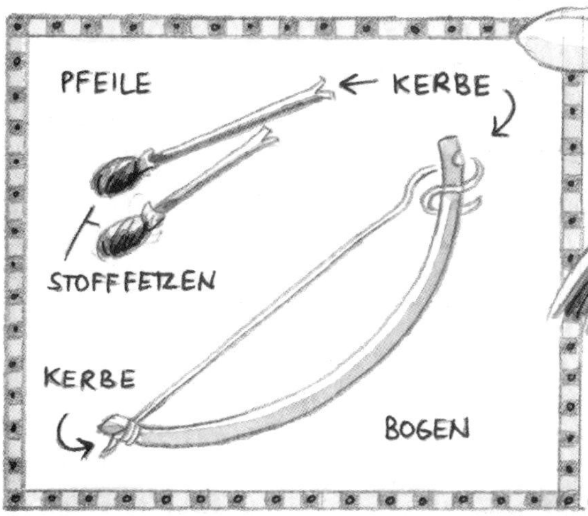

Rassel

Rasseln gehören zu den häufigsten Musikinstrumenten der Regenwaldvölker. Sie werden aus ganz unterschiedlichen Materialien gefertigt. Kürbisse, Schildkrötenpanzer oder die getrockneten Früchte des Kalebassen-Baumes werden mit harten Samen oder Steinchen gefüllt, auf einen Stock gesteckt und mit Wachs versiegelt.

Material: 1 Plastikflasche mit Schraubverschluss, harte Samen wie Erbsen, Linsen etc., Zeitungspapier, Tapetenkleister, Farben
Alter: ab 4 Jahren

Die Plastikflasche von innen und außen gut säubern, trocknen lassen, anschließend eine Hand voll Erbsen hineinschütten und verschließen. Das Zeitungspapier zerschnipseln und mit dem angerührten Kleister in mehreren Schichten auf die Flasche kleben. Über Nacht trocknen lassen. Am nächsten Tag die Rassel bemalen. Beim Spielen die Rasseln am Flaschenhals fassen, so dass der Hals nach unten zeigt.

Indianisches Stampfrohr

Stampfrohre sind einfache, sehr archaische Musikinstrumente der südamerikanischen Regenwald-Völker. Sie werden bei Festen und Ritualen als Rhythmusgeber auf den Boden oder auf ein Stück Holz gestampft.

Material: Rohre (ø ca. 10 cm, ca. 100 cm lang) aus Plastik oder anderen Materialien, evtl. 1 Brett
Alter: ab 4 Jahren

Je nach Länge der Rohre und Größe der Kinder die Stampfrohre im Sitzen oder Stehen rhythmisch auf den Boden klopfen. Bei einem harten Untergrund ist der Klang lauter als z. B. auf einer Wiese. Daher eventuell ein Brett oder Ähnliches unterlegen.

Rassel-Tanz

Material: Rasseln und Stampfrohre
Alter: ab 4 Jahren

Die Spielleitung oder einige größere Kinder geben mit Rasseln und Stampfrohren den Tanzrhythmus vor. Die anderen Kinder bilden einen gemischten Kreis, d.h. es steht jeweils ein Mädchen neben einem Jungen. Jedes Kind verschränkt die Hände hinter dem Rücken und hält so mit der rechten Hand die linke Hand des linken Nachbarn und mit der eigenen linken Hand die rechte Hand des rechten Nachbarn. So bilden alle Kinder gemeinsam einen dichten Tanzkreis.
Zum Klang der Rasseln bewegen sich die Kinder im Rhythmus mit beiden Füßen hüpfend im Kreis. Dabei gehen sie erst einmal leicht in die Knie und hüpfen dann gleichzeitig mit einem kurzen Schritt nach rechts.

Kuna Mola

Die Frauen vom Volk der Kuna in Panama verzieren ihre Hemden oder Blusen mit bunten Tüchern, auf die sie in mehreren Schichten abstrakte Formen oder auch die Umrisse von Tieren und Pflanzen nähen. Die fertige Mola nähen sie anschließend auf das einfarbige Hemd.

Material: weißes T-Shirt, weißes Papier (DIN A4), Bleistift, Lineal, dünnes Stoffstück (DIN A4 groß), farbige Stoffreste, Schere, Textilkleber, Nähzeug
Alter: ab 4 Jahren (mit Hilfe eines Erwachsenen)

Die gewünschte Form mit dem Lineal oder aus freier Hand mit dem Bleistift auf das Papier zeichnen. Stoffreste zurechtschneiden und nach der Vorlage auf das Stoffstück kleben. Die fertige Mola entweder mit der Nähmaschine auf das T-Shirt nähen oder mit dem Textilkleber aufkleben.

Bei Gorilla und Okapi im afrikanischen Regenwald

Einst waren große Teile West- und Zentralafrikas von dichtem Regenwald bedeckt. Mittlerweile sind 90 % des Regenwaldes in Westafrika abgeholzt. Der verbliebene zentralafrikanische Regenwald des Kongo-Beckens ist heute der zweitgrößte nach dem Amazoniens. Obwohl bei uns insbesondere die afrikanische Savannenlandschaft für ihre Wildtiere berühmt ist, lebt die Hälfte aller Tierarten Afrikas im Regenwald. Dazu gehören Menschenaffen, wie Schimpanse und Gorilla, sowie kleinere Verwandte der großen Steppentiere, wie Waldelefant, Zwergflusspferd und Okapi, Antilopen, Meerkatzen und Raubtiere, wie der Leopard. Unzählige Vogelarten, wie Nektarvögel und Turakos, sowie eine Vielzahl von Schlangen, wie der Python, sind ebenfalls in den Regenwäldern beheimatet. Jahrhundertelang waren diese Urwälder nur dünn von Menschen besiedelt. Kleine Gruppen von Pygmäen-Jägergemeinschaften zogen durch den Wald und trieben Handel mit Bantu sprechenden Bauern, die in kleinen Dörfern siedelten.

Erst im 19. Jahrhundert wurde die Ruhe des Regenwaldes für immer zerstört. Mit dem Kolonialismus kamen europäische Holzfäller ins Land, Großgrundbesitzer nahmen wichtige Teile des Waldes in Besitz. Das Land und seine Ressourcen wurden ausgebeutet, die erwirtschafteten Reichtümer blieben in den Händen der europäischen Eroberer. Besonders schlimm traf es die belgische Kongo-Kolonie. Tausende von Zwangsarbeitern starben beim Abzapfen der wilden Kautschukbäume. Zurück blieb ein verwundetes Land, zerstörte Strukturen und oft eine korrupte, in den Industrienationen ausgebildete Führungselite, die ihre Länder nach dem Ende des Kolonialismus autoritär beherrschte. Bis heute hat sich Afrika von Sklaverei, Kolonialismus und Ausbeutung nicht erholt. Als Folge davon lavieren die afrikanischen Staaten mit Regenwäldern heute zwischen dem Bewusstsein, einerseits den Urwald zu schützen, und der Notwendigkeit, andererseits eigene Ressourcen für harte Devisen preiszugeben. Sie lassen internationale Konzerne ins Land, die Straßen ins Hinterland bauen, die Wälder abholzen, aber auch einige Jobs schaffen und Geld ins Land bringen.

Durch die rasant wachsende Bevölkerung in vielen Staaten und die immensen innerafrikanischen Flüchtlingsströme wächst der Druck, immer mehr Regenwald abzuholzen, um dort Landwirtschaft zu betreiben. Dazu treiben Wilderer ihr Unwesen, schießen Schimpansen und Gorillas, die sie als „Bushmeat" entlang der Straßen verkaufen.

1999 setzten sich sechs Staaten des Kongo-Beckens zusammen, um etwas zum Schutz der verbliebenen Regenwälder zu tun. Als erstes Resultat entstand der Sangha-Park, in dem 1 Million Hektar Regenwald unter Schutz gestellt wurde.

Wie das Feuer zu den Efe kam

Vor langer, langer Zeit lebten die Efe, ein Volk, das von den schwarzen und weißen Menschen zu den Pygmäen gezählt wird, schon im Regenwald, aber sie kannten das Feuer noch nicht. Ein Efe-Jäger, der auf der Suche nach Nahrung weit durch den Urwald gewandert war, kam eines Tages in ein Schimpansendorf. Er wurde freundlich aufgenommen und mit leckeren Bananen bewirtet. Am Abend entzündeten die Schimpansen ein Feuer auf dem Dorfplatz. Alle setzten sich um das Feuer und wärmten sich. Der Efe-Jäger war erstaunt, welche Hitze das Feuer verbreitete. Er hatte noch nie etwas so schönes gesehen wie die flackernden, in den Nachthimmel züngelnden Flammen. Er dachte daran, wie gut es doch wäre, dieses Wunder in seinem eigenen Dorf zu haben. Wie würden sich seine Familie und seine Freunde darüber freuen. Am nächsten Morgen wanderte er zurück in sein Dorf, doch der Gedanke an das Feuer ließ ihn nicht mehr los.

In den nächsten Wochen ging er immer wieder ins Schimpansendorf und überlegte: „Wie kann ich dieses Feuer nur in mein Dorf mitnehmen?“

Eines Tages hatte er eine Idee. Er bastelte sich einen sehr langen Lendenschurz aus trockener Rinde. Der Schurz war so lang, dass er beim Gehen auf dem Boden hinter ihm herschleifte. Der Jäger kam früh in das Dorf, die erwachsenen Schimpansen waren noch bei der Arbeit auf ihren Feldern. Die jungen Schimpansen kicherten und lachten, als sie seinen langen Lendenschurz sahen. Er setzte sich zu ihnen ans Feuer. Nach und nach kroch er so nah an die Flammen, dass sein Lendenschurz schließlich Feuer fing. Er tat, als habe er sich furchtbar erschreckt, und rannte mit dem brennenden Schurz so schnell er konnte schreiend davon. Die alten Schimpansen hörten den Lärm und liefen schnell ins Dorf zurück. Als die Jugendlichen ihnen erzählten, was geschehen war, wussten sie, der Efe hatte mit dieser List nur das Feuer stehlen wollen. Sofort machten sie sich an die Verfolgung, um dem Dieb seine Beute abzunehmen. Doch so schnell sie auch rannten, als sie das Dorf der Efe erreichten, loderten bereits vor allen Hütten kleine Feuer.

Voller Enttäuschung und Wut riefen die Schimpansen: „Warum stehlt ihr das Feuer? Warum könnt ihr es nicht auf ehrliche Weise kaufen?“ Doch die Efe hatten nur noch Augen für die lustig prasselnden, wärmenden Flammen. So zogen die Schimpansen wütend zurück. Sie waren so erbost über den Diebstahl ihres Feuers, dass sie ihr Dorf und die Felder verließen und sich tief in den Wald zurückzogen. Bis heute leben sie dort, ohne Feuer und ohne Bananen und ernähren sich nur noch von wilden Früchten.

Der schwarze Panther

Der schwarze Panther ist ein besonderes Tier. Er kann ein Jaguar (Panthera onca), *aber auch ein Leopard* (Panthera pardus) *sein! Beide Arten besitzen schwarze Exemplare, die Panther genannt werden. Im Zoo sind sie kaum zu unterscheiden. In der Wildnis ist das leichter, da Jaguare nur auf dem amerikanischen Kontinent, Leoparden hingegen nur in Afrika und Asien leben. Panther sind keine eigene Art, ihr Fell hat lediglich eine übermäßige Pigmentierung. Unter günstigen Lichtverhältnissen ist die eigentliche gefleckte Fellzeichnung aber immer noch zu erkennen.*

Die Ernährung der Panther ist vielseitig. Können keine Huftiere oder Kleinwild erbeutet werden, weichen sie auf Reptilien oder Vögel aus. Insekten verspeisen diese Jäger der Dunkelheit nur in großer Not.

Ist die Farbe getrocknet, die Kreise ausschneiden.

Den roten Kreis in die Mitte eines schwarzen 4,5 cm großen Kreises kleben.

Den grauen Kreis auf das obere Viertel des schwarz-roten Kreises kleben.

Den großen schwarzen Kreis unter den grauen kleben, so dass er den schwarz-roten berührt.

Zwei 4,5 cm große schwarze Kreise rechts und links aufkleben.

Die zwei verbleibenden schwarzen Kreise als Ohren rechts und links oben aufkleben.

Die roten Kreise in der Mitte lochen und als Augen aufkleben.

Die Maske an den Seiten jeweils einmal lochen, von beiden Seiten mit Lochringverstärkern bekleben, Hutgummi durchziehen und fest verknoten.

Panther-Maske

Material: Bastelkarton DIN A4, Zirkel, schwarze, graue, grüne und rote Farbstifte oder Wasserfarbe, Schere, Klebstoff, Locher, Ringlochverstärker, Hutgummi
Alter: ab 4 Jahren

Mit dem Zirkel verschiedene Kreise auf den Bastelkarton zeichnen und ausmalen:

- 1 schwarzer Kreis mit einem Durchmesser von 9 cm
- 5 schwarze Kreise mit einem Durchmesser von je 4,5 cm
- 1 grauer Kreis mit einem Durchmesser von 4,5 cm
- 1 roter Kreis mit einem Durchmesser von 3 cm
- 2 grüne Kreise mit einem Durchmesser von je 1,8 cm

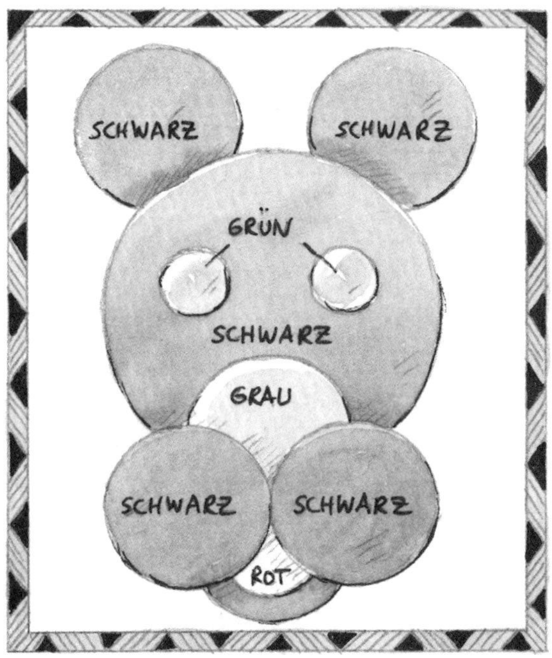

Der schwarze Panther und die Wildhunde

Material: Stofftier, 1 Panther-Maske
Alter: ab 4 Jahren
Anzahl: mindestens 5 Kinder

Ein Kind spielt den Panther und setzt sich die Maske auf. Es setzt sich mit dem Rücken zu den anderen Kindern, den Wildhunden, die mindestens fünf Meter entfernt warten. Der Panther legt seine Beute, das Stofftier, hinter sich und ruht sich aus. Die Wildhunde wollen ihm die Beute stehlen. Der erste Wildhund schleicht sich in die Nähe der Raubkatze, um sich das Stofftier zu schnappen. Doch der Panther ist ein nachtaktiver Jäger mit besonders guten Ohren. Bemerkt er den Dieb, so faucht er, dreht sich rasch um und versucht den Hund zu fangen. Ist er erfolgreich, spielt das gefangene Kind den nächsten Panther. Gelingt es dem Wildhund zu seinem Rudel zu rennen, ist er gerettet. Für die nächste Runde das Stofftier wieder hinter den Panther legen.

Eine Kette aus Affen

Affen sind hervorragende Kletterer, die meistens in Gruppen oder Familienverbänden zu beobachten sind. Wir basteln uns eine eigene Affenfamilie.

Material: Kopiervorlage (s. Abb.), weißes Bastelpapier, Farbstifte, Schere, lange Schnur
Alter: ab 4 Jahren

Die Affenform mehrmals auf das Bastelpapier übertragen und ausmalen, dabei das Gesicht nicht vergessen, und ausschneiden. Entlang der gestrichelten Linien falten. Die Schnur durch ein Zimmer der Einrichtung ziehen und an der Wand befestigen. Viele Affen halten sich mit einem Arm, Bein oder dem Schwanz an der Schnur fest. Alle anderen Affen wiederum halten sich an den Armen, Beinen oder Affenschwänzen fest.

Die afrikanischen Regenwaldvölker

Viele Jahrhunderte, vielleicht Jahrtausende schon streifen Gruppen von Jäger- und Sammlergemeinschaften durch die afrikanischen Regenwälder. Obwohl sie viele Völker bilden, werden sie noch heute übergreifend Pygmäen genannt. Sie selbst hören dieses Wort nicht gerne und möchten lieber als Menschen ihres Volks, als beispielsweise Mbuti, Efe, Aka oder Baka angesehen werden.

Sie sind klein von Statur, werden nur etwa 1,50 groß und leben seit Menschengedenken in einer engen Verbindung zum Regenwald. Manche Völker empfinden den Urwald als eigene Eltern, die ihnen Nahrung und Schutz zu jeder Zeit bieten. Sie jagen Antilopen, Wildschweine und Affen, sie fischen, sammeln Honig, wilde Süßkartoffeln, Obst und weitere Pflanzen.

Vielleicht 200 000 von ihnen leben über eine riesige Fläche verteilt in den Staaten Kamerun, Gabun, der Zentralafrikanischen Republik, den beiden Kongo-Staaten, in Ruanda, Burundi und Uganda.

Jedes Volk besitzt seine eigene Kultur und Religion. Die einstmals wahrscheinlich gemeinsame Sprache ist ihnen schon vor langer Zeit abhanden gekommen. Die meisten von ihnen haben die Sprachen ihrer Bantu-Nachbarn übernommen, nachdem diese Bauernkulturen in den Regenwald zogen und dort ihre Dörfer bauten. Seit dieser Zeit existiert ein reger Handel zwischen den Sesshaften und den nomadisierenden Ureinwohnern. Es ist ein oftmals ungleiches Aufeinandertreffen sehr unterschiedlicher Menschen, werden die Nomaden von der sesshaften Bevölkerung doch meist als minderwertig angesehen.

Seit vielen Jahren sind die Völker des Regenwaldes jetzt mit einer anderen, gewaltigen Veränderung ihrer Lebensgrundlagen konfrontiert. Ihre Heimat, der Urwald, schwindet durch die hemmungslose Abholzung, wird zerschnitten durch Straßen, zerstört durch den Abbau von Bodenschätzen, die internationale Konzerne für die Industrienationen ausbeuten. Sie müssen Siedlern weichen, die Regenwald zu Farmland umgestalten. Ihre Dörfer sind auf keiner Landkarte zu finden und so gilt ihr Territorium als unbewohnt. Manchmal wird es dann als Nationalpark ausgewiesen, den die Ureinwohner verlassen müssen und in dem sie nicht mehr jagen dürfen.

Efe-Philosophie

Wenn du dein Herz an Dinge hängst, die du besitzen willst, kannst du nicht die Menschen mit dem ganzen Herzen lieben. Du wirst zum Sklaven der Dinge, die dir gehören. Wir lieben die Menschen und achten auf sie, nicht auf die Dinge. Die Schwarzen und Weißen glauben, wir wären arm. Sie sollen denken, was sie wollen!

Unsere Vorfahren, die Menschen der ersten Zeitalter, waren mächtig und reich. Sie lebten in großen Dörfern. Sie benutzten wunderbare Werkzeuge. Sie schufen Wunder. Aber diese Dinge machten sie nicht glücklich. Glück ist das Lächeln im Gesicht deiner Frau, wenn du mit einer Antilope von der Jagd zurückkehrst. Glück ist das Lachen deiner Kinder. Glück ist die Musik von Harfe und Flöte. Glück ist Frieden. Das alles kannst du nicht besitzen, du musst es genießen.

Körperbemalung

Viele Regenwaldvölker verzieren ihre Körper für Feste und Tänze mit Mustern und Zeichen. Die afrikanischen Pygmäen malen sich oftmals mit weißer Farbe Punkte oder Streifen ins Gesicht und auf den Körper. Der Kontrast zur dunklen Hautfarbe wirkt dabei besonders schön. Auf heller Haut wirken dunklere Farben besser.

Material: farbige Schminke
Alter: ab 4 Jahren

Mit der Schminke gegenseitig oder vor dem Spiegel Punkte, Linien oder Sterne auf Gesicht und Körper malen.

Bastrock

Der Bastrock als Kleidungsstück für afrikanische Männer und Frauen ist ein Klischee, das der unglaublichen Vielfalt afrikanischer Kleidung in keiner Weise gerecht wird. Trotzdem wird der Bastrock, speziell für Tänze, nach wie vor von einigen Völkern getragen.

Material: Bast, Band oder dünner Gürtel
Alter: ab 4 Jahren (mit Hilfe eines Erwachsen)

Bast auf eine Länge von einem Meter schneiden und um den Gürtel oder das Band verknoten. An den Bauch des Kindes anpassen und festknoten bzw. den Gürtel festziehen.

Sternenfänger

Ein sehr beliebtes Spiel bei den Kindern der Pygmäen, das in verschiedenen Variationen auf der ganzen Welt bekannt ist.

Material: farbige Schminke, Bastrock (➜ S. 71) für jedes Kind
Alter: ab 4 Jahren
Anzahl: mindestens 9 Kinder

Draußen, in der Turnhalle oder einem anderen großen Raum ein rechteckiges Spielfeld von 10 bis 20 Metern mit zwei Außen- und einer Mittellinie markieren. Drei gleich starke Teams bilden.
Zwei Teams sind Sterne, sie malen sich mit der Schminke Sterne in das Gesicht. Die Sterne verteilen sich auf den beiden Außenlinien.
Die Sternenfänger halten sich in der Mitte des Spielfeldes auf.
Aufgabe der Sterne ist es, über das Spielfeld zu laufen und ohne gefangen zu werden die rettende gegenüber liegende Außenlinie zu erreichen.
Aufgabe der Sternenfänger ist es, die Sterne daran zu hindern und sie zu fangen.
Das Spiel beginnt mit einem Vers der Sternenfänger, die singen: „Leuchtende Sterne, schöne Sterne, große Sterne, kleine Sterne, wie viele seid ihr heute Nacht?"
Die gerufene Antwort der Sterne lautet: „Mehr als ihr fangen könnt!"
Jetzt rennen die Sterne gemeinsam oder einzeln los, versuchen durch Rufe und Täuschung die Fänger abzulenken, damit kein Stern gefangen wird. Jeder gefangene Stern bleibt eingefroren bis zum Spielende stehen, es sei denn ein anderer Stern befreit ihn durch eine Berührung mit der Hand. Das Spiel endet, wenn alle Sterne gefangen sind.

Regenwald-Zahnbürste

Auch im Regenwald ist Zahnpflege ein wichtiger Teil der Hygiene. Wie in vielen Teilen Afrikas wird auch hier keine Zahnbürste aus Plastik benutzt, sondern ein Süßholzstöckchen.

Material: Süßholzstöckchen (vom Gewürzstand auf dem Markt oder beim Gewürzhändler) oder Weidenästchen
Alter: ab 4 Jahren

An einem Ende auf dem Süßholzstöcken herumknabbern, bis es faserig wird. Dann wie mit der Zahnbürste die Zähne und Zahnzwischenräume putzen.

Jambo - Rafiki - Karibu

Nr. 8

T. & M.: Pit Budde / Lingala T.: Carlos Mampuya

In vielen Spielen der afrikanischen Kinder verbinden sich Elemente wie Musik, Gesang, Rhythmik mit Geschicklichkeitsübungen.

Jambo - Rafiki - Karibu ...

Komm und setz dich hin zu mir.
Sei mein Freund und sing mit mir.

Jambo - Rafiki - Karibu ...

Komm und setz dich hin zu mir.
Sei mein Freund und teil mit mir.

Jambo - Rafiki - Karibu ...

Luiza tuakina ba tata ba mama luzi bul'eti malata eh yeno.
Lugua, lugua eh eh.
Eh ndio ana lutoma sakana kueno, luwa, luwa luiza kina eh eh.

Komm schnell her und tanz mit mir.
Sei mein Freund und tanz mit mir.

Jambo - Rafiki - Karibu ...

A tata ba mama luiza tu kina miziki, eh ana afrika eh ana europa monde entier, luiza tua kina.
Bino kuna mosika boya tobina,eh mama eh papa,katuluzinga.

Bina se bina miziki ya bana kusenga,eh ndeko yo kuna eh mama,ningisa nzoto eh yaya.
Karibu wa karibu oh oh, semase minasengelaka se mama,papa,ndeko

Übersetzung
Hallo - Freund - Willkommen

Kommt zum Tanz, Vater und Mutter, öffnet die Tür, ihr dort drüben auch!
Hört zu, hört ...
Hey Kinder, wir wollen feiern, kommt, kommt, kommt alle zum Tanz
Vater und Mutter kommt, wir wollen tanzen in Afrika, in Europa, auf der ganzen Welt, kommt alle zum Tanz
ihr Menschen aus dem Nachbardorf, kommt zum Tanz
ihr Menschen, die ihr im Schatten sitzt, kommt zum Tanz
Mütter und Väter formt einen Kreis um die Kinder.
Tanzt, tanzt zu der Musik aus Kusenga.
Hey mein Freund, du auch, ihr alle, schüttelt die Körper
Willkommen, Willkommen.

Material: für jedes Kind 1 Kieselstein oder 1 kleiner Gegenstand, der ihm besonders am Herzen liegt
Alter: ab 4 Jahren
Anzahl: mindestens 4 Kinder

Die Kinder setzen sich in einen Kreis auf den Boden. Jedes Kind legt seinen Kieselstein vor sich. Alle sprechen gemeinsam rhythmisch, aber nicht zu schnell die Worte: „Jambo – Rafiki – Karibu". Das heißt: „Hallo – Freund – Willkommen". Nach dem vierten Mal beginnt das Spiel.

- Beim Wort „Jambo" nimmt jedes Kind seinen Stein in die rechte Hand.
- Beim Wort „Rafiki" hält es die Hand mit dem Stein vor die Brust.
- Beim Wort „Karibu" legt es den Stein vor den rechten Nachbarn.

Beim nächsten „Jambo" nimmt es also den Stein seines linken Nachbarn. Das Spiel endet je nach Anzahl der Kinder nach mehreren Runden oder wenn jedes Kind seinen eigenen Stein wiederbekommen hat.

Variante

Jedes Kind benutzt einen kleinen Gegenstand, der ihm besonders am Herzen liegt.

Chilli go go go

Nr. 14
T & M: trad. Zentralafrika / Pit Budde

Chilli go go go, Chilli pai way.
Chilli go go go, Chilli pai way.

Chilli go go go, bleib doch nicht steh'n!
Chilli go go go, du must dich dreh'n!
Chilli go go go, bleib doch nicht steh'n!
Chilli go go go, im Kreise dreh'n.

Nyaga Nyaga-Tanzspiel

Material: 1 Trommel, Rasseln
Alter: ab 4 Jahren
Anzahl: mindestens 6 Kinder

Die Kinder setzen sich in einen Kreis. Die Spielleitung oder ein Kind trommelt, andere Kinder rasseln dazu. Während alle gemeinsam das Lied: „Chili go go go" singen, geht ein Kind im Rhythmus außen um den Kreis. Ist eine Strophe beendet, bleibt es stehen. Das Kind, hinter dem es stehen geblieben ist, geht in den Kreis und sucht sich eine Partnerin oder einen Partner. Beide fassen sich über Kreuz an den Händen und drehen sich zum Rhythmus der Trommel um die eigene Achse, bis sie umfallen. Dann beginnt das Spiel von vorn und das bei der vorherigen Strophe ausgesuchte Kind geht um den Kreis herum.

Honigwaben

Für die afrikanischen Regenwaldvölker gilt Honig als Delikatesse. Sie stellen aber keine Bienenkörbe auf, sondern klettern hoch in die Bäume, um dort die mit Honig gefüllten Waben zu sammeln. Gut gesäubert sind die gefüllten Waben ein wirkliches Festessen.

Material: Honigwaben (aus dem Bioladen oder Reformhaus), Messer, kleine Gabeln

Die Honigwabe in Portionen schneiden und an die Kinder verteilen. Die Waben können wie Kaugummi lange gekaut, aber anschließend auch heruntergeschluckt werden.

Musik im afrikanischen Regenwald

Musik spielt eine große Rolle im Alltag der Regenwaldvölker. Sie vermischt sich mit dem Gesang der Vögel und dem Gezirpe unzähliger Zikaden. Es gibt Lieder und Musiken für alle Lebenssituationen. Aber da ist noch mehr. Das Volk der Baka glaubt beispielsweise, wenn sich etwas wirklich Schlimmes ereignet hat, ist der Wald eingeschlafen. Dann muss er mit Musik wieder geweckt werden.
Berühmt sind in Europa seit einigen Jahren die polyphonen Gesänge der Regenwaldvölker. Aber auch verschiedenste Instrumente kommen zum Einsatz. Manche davon mögen im Wald entstanden sein, andere wurden sicher von Nachbarvölkern übernommen.

Koondi – die Wassertrommel

Ein besonders wichtiges, einzigartiges Instrument der Baka sind die Regenwaldflüsse. Bis zu den Hüften stellen sich die Baka ins Wasser. Mit unterschiedlich weit geschlossenen und gewölbten Händen schlagen sie auf das Wasser. In diesem komplexen Gefüge bilden die vielen unterschiedlichen Rhythmen der einzelnen SpielerInnen ein beeindruckendes polyrhythmisches Geflecht.

Material: mehrere große Plastikwannen voll Wasser, Badesachen
Alter: ab 4 Jahren, je nach Rhythmus auch älter

Das Spiel sollte bei gutem Wetter und angenehmen Temperaturen im Freien gespielt werden. Im Regenwald ist es warm, also kommen die Kinder in Schwimmsachen zum Spiel. Die Wannen auf einer Wiese so verteilen, dass jeweils mehrere Kinder auf einer Wanne trommeln können. Die Spielleitung gibt einfache Rhythmen vor, die die Kinder imitieren und anschließend gemeinsam spielen.

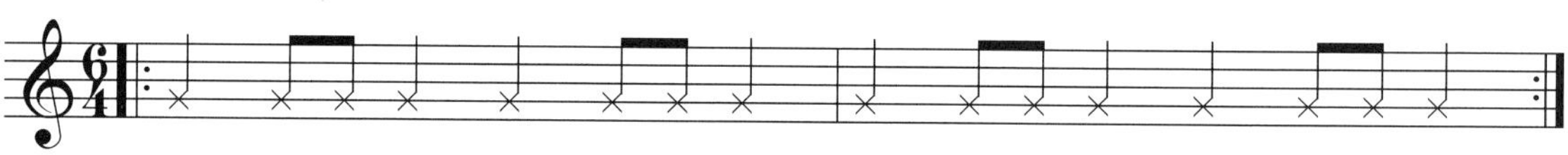

Boolaboo

Material: 1 großer Metalltopf, mehrere Meter Wäscheleine, 1 Baum, 1 dicker Stock oder Besenstiel, 2 Trommelstöcke oder gleich große Stöcke
Alter: ab 4 Jahren (mit Hilfe eines Erwachsenen oder älteren Kindes)

Die Wäscheleine in der Höhe des Metalltopfes an einem Baum oder einer anderen festen Stelle befestigen. Das andere Ende der Wäscheleine um den Besenstiel binden und fest verknoten. Das ältere Kind bzw. der Erwachsene nimmt den Besenstiel, spannt die Wäscheleine, so dass sie direkt über der Topföffnung entlang führt und drückt den Besenstiel auf den Boden. Das zweite Kind schlägt mit den Trommelstöcken einen Rhythmus auf die Wäscheleine. Durch Straffen und Nachgeben der Wäscheleine mit dem Besenstiel verändert sich die Tonhöhe, der offene Metalltopf fungiert als Resonanzkörper.

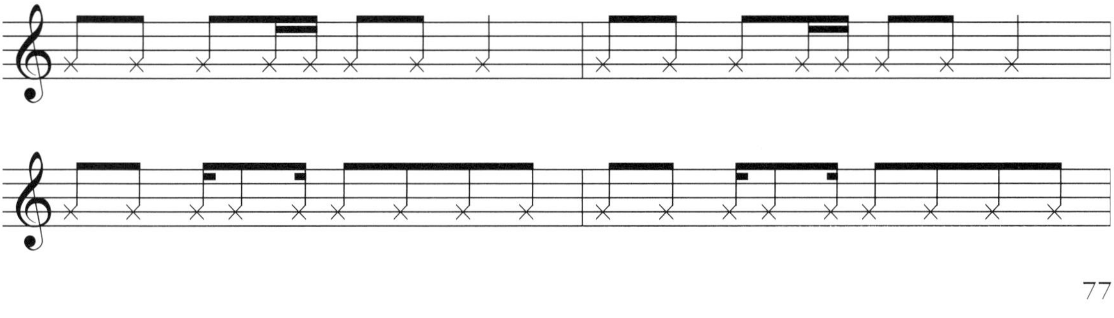

Stuhlkreis-Rhythmus

Kinder sind fasziniert von Trommeln und von Rhythmen. Für einfache Übungen werden nicht einmal Trommeln benötigt.

Material: für jedes Kind 1 Stuhl
Alter: ab 4 Jahren
Anzahl: mindestens 8 Kinder

- Mit den Stühlen einen engen Kreis stellen. Wenn sich die Kinder hingesetzt haben, sollen sich ihre Knie berühren.
- Alle Kinder legen die Hände auf die Knie. Die Spielleitung zählt bis 4, dann im Rhythmus: Mitte – rechts, Mitte – links und so weiter. Die Kinder trommeln mit beiden Händen gleichzeitig.
- Bei „Mitte" schlagen die Kinder die Hände auf die eigenen Knie.
- Bei „rechts" schlagen sie mit der rechten Hand auf das linke Knie des rechten Nachbarn und mit der linken Hand auf das eigene rechte Knie.
- Bei „Mitte" wieder auf die eigenen Knie.
- Bei „links" mit der linken Hand auf das rechte Knie des linken Nachbarn und mit der rechten Hand auf das eigene linke Knie.
- Den Rhythmus langsam beginnen. Darauf achten, dass die Kinder den gemeinsamen Rhythmus halten. Wenn dies geschieht, das Tempo variieren.

Variante

Sind die Kinder rhythmusfest, sich während des Spiels unterhalten, Witze erzählen etc. Als letzte Steigerung während des Rhythmusspiels ein gemeinsames Lied singen.

Regenwaldtrompete

Bei vielen afrikanischen und südamerikanischen Völkern existieren diese einfachen, mit Blechblastechnik gespielten Instrumente. Teils werden sie aus Holz, dickem Bambus oder auch aus Antilopenhörnern gefertigt. Frühe Instrumente wurden in Afrika aus den Stoßzähnen von Elefanten hergestellt.

Material: 1 Paketrolle mit einem Verschlussdeckel, Schere, Feile, Farbstifte
Alter: ab 4 Jahren

Die Pappe etwa 10 cm von dem geschlossenen Teil der Paketrolle einstechen und ein rundes Loch von ca. 1,5 cm Durchmesser ausschneiden. Mit der Feile Pappreste entfernen und ausprobieren, ob beim Anblasen ein Ton entsteht. Dazu die Lippen aufeinander pressen und die Luft durch die vibrierenden Lippen blasen.
Die Trompete mit Regenwaldmotiven bemalen.

Jodeln bei den Pygmäen

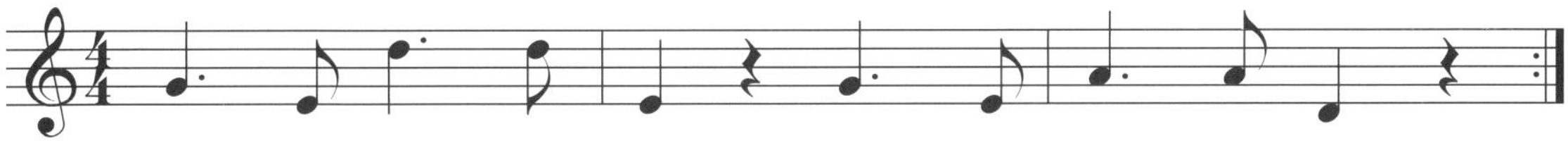

Wenn wir das Wort Jodeln hören, denken wir meist an die Alpen, an Hirten, die sich mit Hilfe dieses Gesangsstils von einem Berg zum anderen verständigen. Aber auch die Pygmäen-Völker im afrikanischen Regenwald können jodeln. Typisch für das Jodeln ist ein regelmäßiger Wechsel von der Brust- in die Kopfstimme. Gesungen werden dabei verschiedene Vokale, keine Wörter oder Sätze. Anders als in der alpenländischen Musik, bei der eine separate Melodie gejodelt wird, bilden die Pygmäen bei ihrem kollektiven Jodelgesang einen polyphonen, polyrhythmischen Klangteppich.

Regenwaldmelodie

Die pentatonischen Skalen (5-Ton-Leitern) ermöglichen ein vielstimmiges musikalisches Geflecht mit festgelegten Melodien und Rhythmen, aber auch improvisierenden Stimmen. Sind die Kinder in der Lage, Töne zu halten, können sie gemeinsam in einer „Regenwaldskala" mit ihren Stimmen improvisieren. Wesentlich einfacher ist so eine Improvisation natürlich mit Instrumenten wie Xylophon, Glockenspiel oder auch einem auf die entsprechende Skala gestimmten Daumenklavier (➔ S. 80).

Material: Trommeln, Rasseln, Xylophon, Glockenspiel oder Daumenklavier, Schwirrholz, Regenmacher
Alter: ab 4 Jahren (unter Anleitung)

Aus Xylophon und Glockenspiel die nicht zur Skala passenden Töne entfernen. Wird ein Daumenklavier benutzt, muss es auf die Skala gestimmt werden. Die Regenwaldmusik beginnt: Das Schwirrholz sorgt für den Wind, der Regenmacher für den Regen, die Trommeln und Rasseln geben einen einfachen Rhythmus vor. Die anderen Instrumente beginnen leise, einzelne Töne der vorgegebenen Skala zu spielen, die sich nach und nach zu einem Gesamtklang verschiedenster Töne und zu gemeinsamen Melodien entwickeln. Dabei wird die Musik nie besonders laut, denn Regen und Wind dürfen nicht übertönt werden.

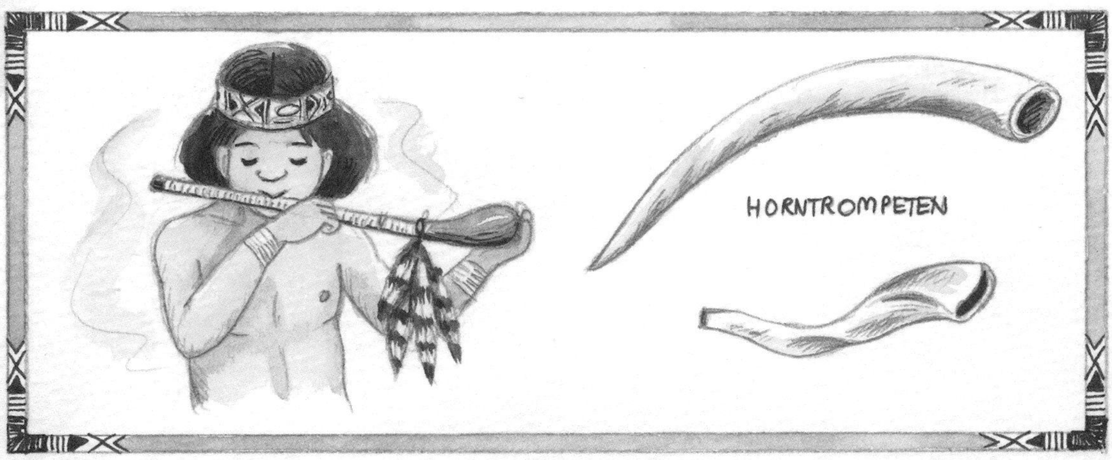

Daumenklavier

Das Daumenklavier ist ein typisches afrikanisches Musikinstrument. Die Pygmäen haben es aller Wahrscheinlichkeit nach bei ihren Nachbarvölkern kennen gelernt und in die eigene Musikkultur eingebaut. Das Instrument hat in Afrika viele Namen, z.B. Sanza, Kalimba, Ilimba, Toum, Mbira ... Meist werden die fünf bis über 60 Zungen pentatonisch gestimmt. Da so ein Daumenklavier leicht zu tragen ist, wurde es oft während langer Wanderschaften gespielt. Der Musiker intonierte einen Rhythmus, der es ihm und seinen Freunden ermöglichte, weite Strecken ohne große Anstrengungen zurückzulegen. Heute werden in Eine-Welt-Läden und vielen Musikgeschäften brauchbare Daumenklaviere verkauft. Sie sind leider oft nicht oder falsch gestimmt. Ein Daumenklavier mit einer Dur-Stimmung ist weder authentisch noch für unsere Zwecke sinnvoll. Die Instrumente sollten für die Kinder in eine pentatonische Stimmung gebracht werden, wie sie von den afrikanischen Regenwaldvölkern meist genutzt wird.

Material: Daumenklavier (aus Eine-Welt-Laden oder Musikgeschäft), kleiner Hammer, Feile
Alter: ab 4 Jahren (mit Hilfe eines Erwachsenen)

Die längste Zunge des Daumenklaviers auf den tiefsten möglichen Ton bringen. Am sinnvollsten ist es, wenn diese Zunge sich in der Mitte befindet. Dazu die Zunge mit der Hand herausziehen oder durch vorsichtiges Klopfen mit dem Hammer bewegen. Ausgehend vom nun vorhandenen tiefsten Ton die anderen Zungen auf die gleiche Art und Weise pentatonisch stimmen, d.h. die Halbtonschritte der Dur-Tonleiter auslassen. Bei C-Dur wäre das: C, D , E, G, A, C. Die aufsteigenden Töne bei einem 6-zungigen Instrument wie folgt verteilen, der tiefste Ton ist auf Position 4, der nächste auf 3, dann 5, 2, 6, 1. Von links nach rechts hieße dies: c, G, D, C, E, A. Eventuell vorhandene, scharfe Kanten abfeilen.

Spielweise
Das Instrument mit beiden Händen halten und abwechselnd mit den Daumennägeln die Zungen rhythmisch anzupfen.

Lingbidi-Mundbogen

Noch immer wird gerätselt, ob der Bogen zuerst für die Jagd oder als Musikinstrument benutzt wurde. Wie dem auch sei, beim Abschießen eines Pfeiles schwingt die Sehne und erzeugt einen leisen Ton. Hält man das Ende des Bogens an den Mund, wirkt die Mundhöhle als Resonanzkörper. Durch Öffnen und Schließen des Mundes lässt sich die Tonhöhe variieren.

Material: 1 biegsamer Stock (ca. 50 cm lang), Feile, Draht, Band oder Nylonsaite, kleines Stöckchen (10 cm lang)
Alter: ab 4 Jahren (mit Hilfe eines Erwachsenen)

An beiden Enden eine runde Kerbe in den Stock feilen. Die Saite um eine Kerbe schlingen und fest verknoten. Den Stock mit diesem Ende auf den Boden stellen und rund biegen, das andere Ende der Saite um die zweite Kerbe schlingen und ebenfalls fest verknoten. Den Stock langsam entspannen, bis er in der Bogenform bleibt. Die Saite ist jetzt gespannt und das Instrument kann gespielt werden. Ein Ende des Bogens an den geöffneten Mund legen, mit dem Stöckchen einen Rhythmus auf die Saite schlagen und dabei mit dem Mund die Tonhöhe verändern.

Regenwald in Äthiopien

Der Wald ist unsere Kleidung,
Der Wald ist unser Unterschlupf.
Wir möchten ihn an unsere Kinder weitergeben.
Holzen sie ihn ab,
So werden die Regentropfen nicht wiederkommen,
Die Wüste wird sich ausweiten.
Nicht einmal die Regierung hört uns zu,
Aber sie selbst kommen mit der Motorsäge.
Sie verbieten uns, mit der Axt einen einzelnen Baum zu schlagen.

Ein äthiopischer Kleinbauer

Mit einem Land wie Äthiopien verbinden die Menschen in Europa meist Trockenheit und Wüste. Wie so oft ist die Realität wesentlich vielschichtiger. War vor 100 Jahren noch fast die Hälfte des gebirgigen Landes mit Wald bedeckt, so sind es heute nur noch zwei bis vier Prozent.
Die UNESCO hat die äthiopischen Regenwälder zu den erhaltenswertesten Waldbeständen der Erde erklärt. Im Südwesten des Landes befindet sich innerhalb der Grenzen des alten Königreichs Kaffa ein großes Bergregenwaldgebiet. Es gilt als die Urheimat der Kaffeepflanze. Um diese Insel des einst riesigen äthiopischen Nebelwaldes zu schützen, wird der dort wachsende Wildkaffee durch ein Projekt für die nachhaltige Nutzung des Regenwaldes vermarktet.

Wefé wefé

Nr. 16

T. & M.: Josephine Kronfli & Pit Budde / Lingala T.: Carlos Mampuya

Wefé wefé lemèn taleksalesh, Wefé wefé lemèn taleksalesh
Zafen iyekoretu Dènnén iyetshèfètshefu
Bet siyasatuygn iyayesh Mèn titèyikign alesh

Kengedi godjoyén yet lesra Birra Birro yet new marefyauer
Nebit endét bella nor Tissra Tefa hulu bota abeba

Zew le lej leju kalasebe Tefetros kalten kebakebe
Ya le zaf indet yitenesifah Yale tenfashindet yinorah

Übersetzung
Vögelchen, Vögelchen, warum weinst Du?
Vögelchen, Vögelchen warum weinst Du?
Sie sägen an meinem Baum, zerstören meinen Wald, machen mich obdachlos
Und Du fragst, warum ich weine?

Wo soll ich von nun an mein Nest bauen?
Wo soll sich der Schmetterling ausruhen?
Wie soll die Biene Honig machen?
Die Blumen sind verschwunden

Wenn der Mensch nicht an seine Enkel denkt
Und nicht auf die Natur achtet
Wie soll er ohne Baum atmen?
Wie soll er ohne Atem leben?

Flieg her zu mir, mein buntes Vögelchen.
Sag mir, warum weinst du, kleines Vögelchen.
Da ist kein Baum, auf dem ich singen kann,
Kein Ast, an den man Nester hängen kann.
Der Wald ist fort, die Bäume abgehackt,
Nach mir wurd' nie gefragt.

Sag mir, wo soll ich denn mein Nest hinbau'n?
Sag mir, wo soll ich denn nach Früchten schau'n?
Wo find ich 'nen Platz, um mich auszuruh'n?
Sag mir, was soll ich tun?

Nakolala wapi - soki ndako eza te,
Nakokende wapi - soki mboka eza te,
Nakokende wapi - soki zamba ekufi,
Oye eh eh.
Some time bino bolobaka oh oh,
Bobosani kutu nini tozosala.
Nature eza pona moto nionso,
bopanzi zamba bo panzi ndaku to vivre wapi, I say
Guereza, Anbessa, Dikula.
Boyokanga lelo peuple
Mokili oyo Eza ya kolo nzambe,
Tosangana biso nionso
Tokende liboso isey.

Übersetzung
Wo soll ich jetzt schlafen?
Ich habe kein Haus mehr.
Wo kann ich noch bleiben?
Mein Dorf gibt es nicht mehr.
Wo kann ich noch bleiben?
Den Wald gibt es nicht mehr.
Ich höre Menschen erzählen.
Wir wissen nicht mehr, was wir tun.
Die Natur gehört uns allen,
Doch der Wald wird zerstört.
Unser Haus wird zerstört.
Wie soll das nur weitergehen, I say
Guereza, Anbessa, Dikula (Colobus-Affe, Löwe, Antilope)
Hört mir alle zu.
Die Welt stammt von Gott.
Lasst uns zusammen in die Zukunft gehen!

Guereza, der Colobus-Affe

Ein besonderes Tier im afrikanischen Regenwald ist der Guereza, der Colobus-Affe. Er hält sich hauptsächlich in den Kronenregionen der Bäume auf und ernährt sich dort von Blättern.
Auffällig sind seine langen weißen Haare an den Flanken und am Schwanz. Sie haben eine Signalwirkung in der Gruppe, aber auch die Funktion eines „Fallschirms" beim Springen von Baum zu Baum. Guerezas können dabei Höhendifferenzen von bis zu 15 m überwinden.

Kaffee-Regenwald-Malerei

Material: weißes Papier, Bleistift, fair gehandelter, löslicher Kaffee, Wasserfarbe, verschiedene Pinsel
Alter: ab 4 Jahren

Den Kaffee im Verhältnis 1:1 in Wasser auflösen. Das Blatt mit Kaffeefarbe bedecken und trocknen lassen. Es entsteht ein hellbrauner Untergrund. Mit dem Bleistift einen Regenwald mit Bäumen, Flechten, Moosen und Tieren (verschiedene Etagen) vorzeichnen und anschließend mit der Kaffeefarbe ausmalen. Für andere Farbtöne, etwa grün, etwas Kaffeefarbe mit grüner Wasserfarbe vermischen.

Variante

Einen Guereza (➜ Abbildung) auf einem Baum zeichnen und mit der Kaffeefarbe malen. Dafür die Kaffeefarbe etwas stehen lassen, sie wird dunkler und glänzt.

Kostüm aus dem äthiopischen Regenwald

Material: für die Mädchen 1 alten, langen Rock oder 1 Stück Stoff als Wickelrock, für die Jungen 1 alte, weite, lange Hose, wenn möglich bunt; buntes, rundes Stück Stoff als Poncho, Schere, Nähzeug, bunte Borten
Alter: ab 4 Jahren (mit Hilfe eines Erwachsenen)

Den Rock bis zu den Knien in viele Fransen schneiden.
Die Hose von der Länge einer kurzen Hose ab bis zu den Knien in einem Abstand von 5 cm einschneiden. An den Knien ein Stück von 5 cm Länge aussparen, dann weiter einschneiden, so dass lange, breite Fransen entstehen. Das Mittelstück nach Wunsch mit bunten Borten versehen.
In den Ponchostoff mittig eine Öffnung für den Kopf schneiden. Ab 10 cm unterhalb der Kopföffnung den Stoff in 5 cm breite Fransen schneiden.

Kopfschmuck aus dem äthiopischen Regenwald

Material: 1 weißer Pappteller, Lochzange, Lochringverstärker, Hutgummi, große Federn (Strauß, Fasan, Pfau), Klebstoff, Tacker
Alter: ab 4 Jahren (mit Hilfe eines Erwachsenen)

Mit der Lochzange zwei Löcher in den inneren Kreis des Papptellers stanzen und mit Lochringverstärkern auf beiden Seiten stabilisieren. Das Hutgummi durch beide Löcher ziehen, auf dem Kopf des Kindes Maß nehmen und unter dem Kinn verknoten. Vom Kopf nehmen, die Federn auf den Teller legen, so dass sie nach je einer Seite überstehen, festkleben und zusätzlich tackern.

Halula

Nr. 4

T. & M.: Pit Budde & Josephine Kronfli (nach einem trad. Lied aus Kaffa, Äthiopien)

Olla Halula Halula aha, Oh Halula.

Tief im Wald, wo die Vögel singen. Oh Halula.
Da wollen wir unser'n Tag verbringen. Oh Halula.
Hinter der Lichtung, nah am Fluss. Oh Halula.
Liegt ein Ort, den ich dir zeigen muss. Oh Halula.

Unsere Freunde warten dort. Oh Halula.
An dem verwunschenen, schönen Ort. Oh Halula.
Dort woll'n wir lachen, tanzen und singen. Oh Halula.
Mit allen Freunden tanzen und singen. Oh Halula.

Lemlemwa hageratshin. Oh Halula.
Memeky jana kiberatshin. Oh Halula.
Efe durarawitotshiss. Oh Halula.
Den, terrara, wenzotish. Oh Halula.
Yakoranal. Oh Halula.
Yakoranal. Oh Halula.

Übersetzung
Unser grünes Land!
Wir werden geehrt und respektiert
Wegen deiner wilden Tiere,
Deinem Wald, deiner Berge und deiner Flüsse.
Das macht uns stolz, macht uns stolz!

Erntetanz aus Kaffa

Material: Kostüme und Kopfschmuck aus dem äthiopischen Regenwald, Regenwaldtrompete (➔ S. 78), Trommeln
Alter: ab 4 Jahren
Anzahl: mindestens 12 Kinder

Die Mädchen tanzen in einem inneren Kreis rechts herum, die Jungen in einem äußeren Kreis links herum. Nach einer Weile lösen sich die Kreise, die Kinder tanzen in Paaren weiter. Sie fassen sich an den Händen und bewegen Arme und Köpfe im Rhythmus von links nach rechts. Dann lassen sie sich los, legen beim Tanz je einen Arm übereinander. Nach einigen Takten lassen sie die Arme fallen und tanzen weiter. Dann legen sie tanzend die anderen Arme übereinander und lassen nach einer Weile die Arme fallen. Schließlich fassen sie sich wieder an den Händen, dann lösen sich die Paare und bilden einen großen Kreis, bis der Tanz zu Ende geht.

Bei Python und Orang-Utan in Südostasien und Papua-Neuguinea

In Südostasien befinden sich ca. 30% der tropischen Regenwälder. Sie gehören mit einem geschätzten Alter von 70 Millionen Jahren zu den ältesten Regenwaldgebieten der Erde. Waren einst weite Regionen von Indien, Thailand, Kambodscha, Vietnam, Burma, den Philippinen und Laos mit Regenwald bedeckt, so sind heute große zusammenhängende Regenwaldgebiete vor allem in Malaysia, Indonesien und Papua-Neuguinea zu finden.

Die Urwälder Borneos sind auch die Heimat der äußerst seltenen Orang-Utans, von Gibbons, Elefanten und Nashörnern.

Wie überall in der Region verteilen sich viele unterschiedliche Völker über das Land. Die beiden größten Gruppen, die Iban und Dayak, bauen Reis an, züchten Schweine und Hühner und leben darüber hinaus vom Fischfang. Wie in manchen Gegenden Lateinamerikas und an der nordamerikanischen Pazifikküste ist ein Langhaus das Zentrum ihrer Siedlungen.

Papua-Neuguinea, die zweitgrößte Insel der Welt, ist noch zu zwei Dritteln mit einem intakten Regenwald bedeckt. Hier leben unter anderem Baumkängurus, Krokodile, Paradiesvögel und die größten Schmetterlinge der Erde. Über Tausend Völker mit eigenen Sprachen leben verteilt auf der Insel. Viele von ihnen haben erst seit kurzer Zeit Kontakt zur Außenwelt. Sie bauen Yams, Sago, Bananen und Kokospalmen an und züchten Schweine. In den Flüssen gehen sie auf Fischfang, im Wald jagen sie Wallabies, Wildschweine und verschiedene Vogelarten. Kriegerische Auseinandersetzungen mit den Nachbarvölkern sind seit alters her häufig. In früheren Zeiten waren ihre Krieger als Kopfjäger besonders berüchtigt.

Heute sind die Kulturen der einst so gefürchteten Völker selbst bedroht. Das Überleben der Regenwald-Menschen hängt davon ab, ob es gelingt, die wachsende Zerstörung ihrer Heimat zu stoppen. Kahlschlag-Methoden sind in den Urwäldern an der Tagesordnung, Tierarten verschwinden, werden ausgerottet und die Urwaldbewohner vertrieben.

Das wollen wir nicht!

Die Konzerne töten die Bäume. Das wollen wir nicht!
Das Leben wird furchtbar, wir haben kein gutes Leben mehr.
Die Vögel, die hoch am Himmel fliegen, sie fliehen!
Wenn sie den Klang der Kettensäge hören – fliegen sie davon!
Wenn du sie suchst, findest du sie nicht mehr.

Die Affen kommen, suchen etwas zu essen.
Sie hören den Klang der Holzfäller und fliehen!
Weit weg sind sie jetzt.
Wir gehen in den Wald, um sie zu suchen,
und können sie nicht finden!
Das mögen wir nicht!

Die Hornvögel und die anderen Vögel –
sie wollen in den großen Bäumen leben,
große Bäume, wie sie hier wachsen.

Doch bald wird es hier keine großen Bäume mehr geben,
über die sie fliegen und auf denen sie rasten können.
Ihre Wege sind verloren, sie wandern andere Wege,
weit weg von hier!
Das mögen wir nicht!

Diese abgeholzten Bäume waren einst:
die Heimat der Hornvögel,
die Heimat der Gibbons,
die Heimat der Languren,
die Heimat von allen Tieren,
die in den Bäumen leben.

Wo mag ihre Heimat heute sein?
Verloren!
Zerstört!
Keine Heimat mehr für Babui.
Keine Heimat mehr für Saai.
Keine Heimat mehr für Matui.
Keine Heimat mehr für Kuai.

Alle die Tiere mögen das nicht!
Wir mögen das nicht!
Penan aus dem Regenwald in Borneo

Der Wald gehört Pulang Gana

Geschichte der Iban aus Borneo

Sie kommen und holzen den Wald ab. Es ist unglaublich. Sie sagen, das Land gehört der Regierung. Doch das stimmt nicht! Ich sage nicht, das Land gehört uns. Nein, es gehört Pulang Gana, das ist die Wahrheit. Wir wissen es von unseren Vätern, die es von ihren Vätern gelernt haben. Es ist eine uralte Geschichte, die wir unseren Kindern weitergeben.

In den alten Zeiten bedeckte der Wald das ganze Land, es gab keinen Anfang und kein Ende. Der Wald war überall. Zu dieser Zeit lebten sieben Brüder. Sie wollten ein kleines Stück Wald abholzen, um dort Früchte anzubauen, um ihre Familien zu ernähren.

Sie nahmen ihre Äxte und schufen eine kleine Lichtung. Sie arbeiteten den ganzen Tag und schliefen am Abend erschöpft ein. Am nächsten Morgen trauten sie ihren Augen nicht, die Lichtung war verschwunden! Vor ihnen wuchs ein undurchdringlicher Dschungel, grüner und dichter als tags zuvor. Wieder machten sie sich an die Arbeit, bis sie bei einbrechender Dunkelheit erschöpft einschliefen.

Doch am Morgen erwartete sie das gleiche Bild. Die Lichtung war verschwunden. Die Brüder waren verwirrt. Aber sie wollten nicht aufgeben und machten sich wieder an die Arbeit. In dieser Nacht blieben sie wach und setzen sich an den Rand ihrer Lichtung, um zu sehen, was wohl passieren würde.

Schon bald sahen sie einen Geist. Er ging von Baum zu Baum, berührte jede Liane, jeden Farn und erweckte alle zu neuem Leben. Vor den Augen der Brüder verwandelte sich die Lichtung wieder in einen dichten Dschungel. Wütend sprangen sie auf, um gegen den Geist zu kämpfen. Doch der stoppte sie mit der Kraft seiner Worte.

Er sprach: „Bleibt stehen, ich bin Pulang Gana. Hört mich an! Dieser Wald mit allem, was in ihm wächst, gehört mir. Alles, was sich hinter dem Wald befindet bis zum fernsten Horizont im Süden, im Osten, im Norden, im Westen, die ganze Erde gehört mir. Kein lebendes Wesen darf ohne meine Erlaubnis auch nur einen kleinen Teil dieser Welt für sich nutzen. Und das ist mein Gesetz: Wer etwas benötigt, muss mir ein Geschenk bringen. Gefällt es mir, werde ich ihm etwas Land leihen!"

Er sagte leihen, nicht geben. Das waren seine Worte.

Also, all diese Holzfäller stehlen das Land, stehlen die Bäume …

Wir fragen uns, haben sie dabei an Pulang Gana gedacht?

Wie schrecklich wird seine Rache sie am Ende treffen?

Orang-Utan, der „Waldmensch"

Für viele Ureinwohner des Regenwaldes in Südostasien galt der Orang-Utan einfach als Waldmensch, der mit den Jägern und Bauern nichts zu tun haben möchte und lieber zurückgezogen im Urwald lebt. Tatsächlich ist der Orang-Utan einer der nächsten Verwandten des Menschen.

Wenn der Orang-Utan sich kämmen müsste, hätte er eine Menge zu tun. Sein dichtes, rotes Fell wird überall am Körper bis zu einem halben Meter lang. Verglichen mit seiner Haarlänge ist dieser Menschenaffe klein, er wird höchstens eineinhalb Meter groß. Im Verhältnis zu seiner Körperlänge sind seine Arme sehr lang. Wenn er sie seitlich ausstreckt, messen sie von Fingerspitze zur Fingerspitze zwei Meter.

Der Orang-Utan ist ein echter Baumbewohner und sehr guter Kletterer. Mit seinen Füßen kann er sich ebenso geschickt festhalten wie mit seinen Armen. Seine Heimat sind die Baumkronen der tropischen Regenwälder auf den großen Inseln Sumatra und Borneo. Dort ernährt er sich von Früchten. Jeden Abend baut sich die Orang-Familie große Schlafnester hoch in den Bäumen.

Kein Wald, kein Orang-Utan

Heute ist der Lebensraum des Orang-Utans durch die Abholzung seiner heimatlichen Regenwälder vom Aussterben bedroht. Die Menschen in den reichen Ländern der Erde könnten allerdings ohne Probleme auf das Holz aus den Regenwäldern verzichten und so den „Waldmenschen" eine sichere Zukunft ermöglichen. Neben dem Verzicht auf Tropenholz gibt es noch eine Möglichkeit für jeden von uns, den Orang-Utans zu helfen. Wir können ein Stück des Orang-Regenwaldes kaufen und damit den Erhalt seiner Heimat sichern.

Wir retten die Orangs

Orang-Utans sind zusätzlich vom Aussterben bedroht, da sie von Holzfällern gejagt werden. Händler bieten für die intelligenten, sanften und pflegeleichten Orang-Utan-Babys hohe Preise. Für ein lebend gefangenes Jungtier müssen in der Regel fünf Orang-Utan-Weibchen sterben. In Europa und den USA zahlen Liebhaber bis zu 40 000 Euro für ein Orang-Utan-Baby.

Alter: ab 4 Jahren
Anzahl: mindestens 8 Kinder

Die Kinder teilen sich in drei Gruppen: Zwei Kinder spielen die Jäger, drei sind Orang-Utans, drei spielen Wildhüter, die gefangene Orang-Utans befreien wollen.
Die Jäger warten in der Mitte des Spielfeldes. Sie wollen verhindern, dass die Wildhüter in die Nähe der Orangs kommen.
Die Orang-Utans sitzen in einer Ecke hinter den Jägern und können sich nicht bewegen.
Erst wenn ein Wildhüter sein Camp, das in der entgegen gesetzten Ecke des Spielfeldes liegt, verlässt und es ihm gelingt, an den Jägern vorbei einen der Orangs zu berühren, kann der versuchen sich im Camp der Wildhüter in Sicherheit zu bringen. Die Wildhüter müssen allerdings aufpassen, nicht selbst gefangen zu werden.
Wenn zwei Jäger gleichzeitig einen Wildhüter berühren, ist er gefangen und wartet gemeinsam mit den Orang-Utans darauf, von seinen Freunden gerettet zu werden.

Herr Tiger und die Affen

Der Tiger ist die größte Katze Asiens und lebt versteckt in dichten Wäldern. Seine schwarz-gelb gestreifte Färbung ist eine perfekte Tarnung im Licht- und Schattenspiel des Waldes. Der nachtaktive Tiger ist in der Wildnis sehr schwer zu entdecken. Nur wenn er großen Hunger hat, jagt der Tiger auch bei Tage. Er ernährt sich von Stachelschweinen, Hirschen und Affen. Tiger sind durch die Abholzung ihrer heimatlichen Wälder sehr selten geworden. Trotz ihrer geringen Anzahl werden sie immer noch von Trophäenjägern gewildert.

Alter: ab 4 Jahren
Anzahl: mindestens 4 Kinder

Als Spielfeld eignet sich ein großer Raum oder eine Wiese.
Ein Kind spielt den Tiger. Es steht ca. 20 Meter entfernt von den anderen Kindern und zeigt ihnen den Rücken.
Die anderen spielen die Affen und rufen: „Wie spät ist es, Herr Tiger?“
Der Tiger dreht sich um und ruft eine Uhrzeit, z. B. „7:00 Uhr“. Die Spieler gehen 7 Schritte auf den Tiger zu.
Die Affen fragen ein zweites Mal: „Wie spät ist es, Herr Tiger?“
Der Tiger antwortet: „3:00 Uhr“, die Affen gehen 3 Schritte auf ihn zu.
Das Spiel geht weiter, bis die Affen über 15 Schritte auf den Tiger zugegangen sind.
Bei der nächsten Frage antwortet der Tiger: „Mahlzeit!“
Die Affen drehen sich um und rennen weg. Der Tiger versucht, einen von ihnen zu fangen. Der gefangene Affe wird der nächste Herr Tiger.

Maus und Elefant

Eine Geschichte aus Indien

Vor langer Zeit lebte eine Gruppe von Mäusen in ständiger Angst vor den Elefanten. Wann immer die Elefanten das Land der Mäuse durchquerten, zertraten sie viele Mäuse mit ihren gewaltigen Füßen. Eines Tages ging der Mäusekönig zum Herrscher der Elefanten und sprach:
„Wenn ihr unser Leben schont, werden wir euch helfen, wenn ihr in Not seid."
Der Elefantenkönig war einverstanden. Er befahl allen Elefanten, auf die Mäuse zu achten und sie nicht zu zertreten.
Von diesem Tage an gingen die Elefanten sehr behutsam durch das Land der Mäuse, hoben und senkten ihre gewaltigen Füße sehr vorsichtig und verletzten nicht eine einzige Maus. Schon wenn sie in die Nähe des Mäuselandes kamen, trompeteten sie laut: „Freunde, wir kommen, wir gehen durch euer Land."
Eines Tage aber kamen Elefantenjäger in den Urwald. Der Menschenkönig wollte einen Krieg führen und brauchte viele Elefanten, auf denen seine Krieger in die Schlacht reiten sollten. Tag für Tag gerieten mehr Elefanten in die großen Fallen aus Stricken.
Der Elefantenkönig war sehr traurig. Er dachte an das Versprechen des Mäusekönigs und bat um seine Hilfe.
Der Mäusekönig sandte Nachricht zu allen Mäusen in seinem Reich. Sie kamen und überlegten, wie sie ihren Freunden, den Elefanten, helfen könnten. Keine Maus hatte das Versprechen gegenüber dem Elefantenkönig vergessen. Eine Maus hatte eine zündende Idee, mit der alle anderen einverstanden waren.
Die Mäuse teilten sich in kleine Gruppen, von denen jede zu einer der Elefantenfallen schlich. In nur einer Nacht nagten sie mit ihren scharfen Zähnen alle Stricke durch und befreiten die Elefanten. Als die Jäger am nächsten Morgen die Fallen zerstört sahen und keinen einzigen gefangenen Dickhäuter mehr fanden, verließen sie entmutigt den Wald.
Seit diesem Tag sind Mäuse und Elefanten die besten Freunde, die du dir vorstellen kannst.

Der asiatische Elefant

Durch die wesentlich kleineren Ohren ist der asiatische Elefant leicht von seinen afrikanischen Vettern zu unterscheiden. Sein Rüssel hat nur eine fingerartige Spitze statt zwei, und er ist viel kleiner als sein afrikanischer Verwandter. Der asiatische Elefant ernährt sich von Blättern, Zweigen und Gräsern. Früher waren Elefanten sehr weit verbreitet. Da sie gejagt wurden, haben sie sich mit der Zeit immer tiefer in den Wald zurückgezogen. Übrigens kann nur der asiatische Elefant gezähmt werden.

Ein Elefant tanzt allein

Nr. 18
T & M: Pit Budde

1. Ein Elefant, der tanzt allein
Auf seinem Seil im Sonnenschein.
Das macht ihm Spaß, doch ganz allein
möcht' er beim Tanzen auch nicht sein.
Er schaut sich um, „Wer mag hier sein?“,
Er lädt die Samia zu sich ein.

2. Ein Elefant, der hüpft allein
Auf seinem Seil im Sonnenschein.
Das macht ihm Spaß, doch ganz allein
möcht' er beim Hüpfen auch nicht sein.
Er schaut sich um, „Wer mag hier sein?“,
Er lädt Alexander zu sich ein.

3. Ein Elefant, der stampft allein
Auf seinem Seil im Sonnenschein.
Das macht ihm Spaß, doch ganz allein
möcht' er beim Stampfen auch nicht sein.
Er schaut sich um, „Wer mag hier sein?“,
Er lädt die Sólveig zu sich ein.

4. Ein Elefant posaunt allein
Auf seinem Seil im Sonnenschein.
Das macht ihm Spaß, doch ganz allein
möcht' er beim Posaunen auch nicht sein.
Er schaut sich um, „Wer mag hier sein?",
Er lädt den Dylan zu sich ein.

5. Die Fünfe spielen nicht allein
Auf ihrem Seil im Sonnenschein.
Sie sind zu schwer,
Das Seil ächzt sehr,
Es platzt, jetzt hör' ich ein Geschrei.
Dann ist das Spiel auch schon vorbei!

Material: 1 Seil (alternativ ein gerader, mit Kreide gezogener Strich)
Alter: ab 4 Jahren
Anzahl: mindestens 4 Kinder

Das Seil in die Mitte des Raumes legen oder dort einen geraden Strich ziehen. Ein Kind ist der Elefant und tanzt balancierend auf dem Seil bzw. Strich. Die anderen Kinder singen das Lied. Bei jeder letzten Zeile der Strophe ruft der Elefant den Namen des Kindes, das mit ihm tanzen, hüpfen, stampfen oder posaunen soll. Ist ein Junge Elefant, sucht er ein Mädchen aus, ist der Elefant ein Mädchen, benennt es einen Jungen. Bei jeder Strophe kommt ein neues Kind hinzu und übernimmt die Rolle des Elefanten. Am Ende des Liedes lassen sich die Kinder auf den Boden fallen und purzeln durcheinander.

Trommel-Klatsch-Rhythmus

Material: für jedes Kind 1 Trommel
Alter: ab 4 Jahren

Die Kinder setzen sich mit ihren Trommeln in einen Kreis. Die Spielleitung gibt den Rhythmus im 4/4-Takt vor, die Kinder antworten.

langsamer Rhythmus
1 – rechte Hand
2 – linke Hand
3 – rechte Hand
4 – Klatsch

schneller Rhythmus
1 – rechte Hand
1+ – linke Hand
2 – rechte Hand
2+ – linke Hand
3 – rechte Hand
4 – Klatsch

Fledermaus-Girlande

Viele verschiedene Fledermausarten leben in den Regenwäldern. Neben einigen größeren Arten, wie den Blut saugenden Vampiren und den Fische jagenden Hasenmaulfledermäusen, ernähren sich die meisten Arten von Insekten. Dabei vertilgen die Fledermäuse unvorstellbare Mengen an Moskitos und Fliegen und gelten so für Regenwaldbewohner und -besucher als sehr nützliche Tiere.

Material: Kopiervorlage (➜ Abb.), 1 Blatt festes Papier oder Pappe (DIN A5), mehrere DIN A3-Bögen schwarzes Transparent- oder Tonpapier, Schere, Klebstoff, Bindfaden, Tacker, Locher, Lochverstärkungsringe
Alter: ab 4 Jahren (mit Hilfe eines Erwachsenen)

- Die Fledermaus als Schablone auf das feste Papier oder die Pappe übertragen.
- Die DIN A3-Blätter jeweils über die gesamte Breite in zwei längliche Formate in Höhe der Fledermaus schneiden.
- Die geschnittenen Blätter in exakt der Breite der Fledermaus wie eine Ziehharmonika zusammenfalten.
- Die Schablone auf die Oberseite übertragen und ausschneiden.
- Mit den anderen Blättern genauso verfahren, bis die gewünschte Länge erreicht ist. Alle Blätter auffalten. An den Enden die einzelnen Teile zu einer Girlande zusammenkleben oder -tackern.
- Gut trocknen lassen.
- Die beiden äußersten Fledermausflügel lochen und mit den Verstärkungsringen stabilisieren.
- Den Bindfaden durchziehen, verknoten und die Girlande aufhängen.

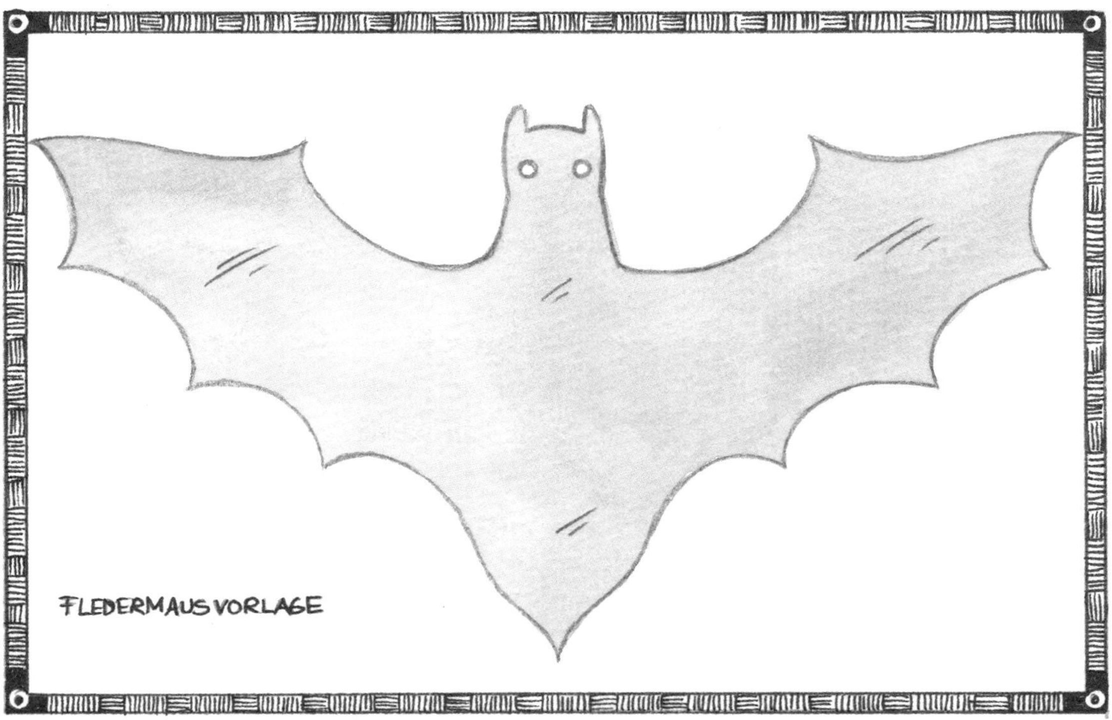

Kulit Kr'ang

Kulit Kr'ang ist ein beliebtes Geschicklichkeitsspiel in Südostasien.

Material: Kaurischnecken (aus dem Afro-Shop; alternativ Bohnen), 1 große Schale, evtl. 1 Tennisball
Alter: ab 4 Jahren
Anzahl: mindestens 6 Kinder

Die Kinder setzen sich in einem engen Kreis auf den Boden. Jedes Kind erhält 10 bis 15 Kaurischnecken, die es vor sich legt. Weitere 20 Schnecken in die Schale legen und die Schale in die Kreismitte stellen. Das jüngste Kind beginnt. Es wirft mit einer Hand eine Schnecke in die Luft, nimmt mit der gleichen Hand eine der vor ihm liegenden Schnecken auf und fängt ebenfalls mit der gleichen Hand die herabfallende erste Schnecke. Gelingt dies, darf es sich aus der Schale eine weitere Schnecke nehmen. Gelingt es ihm nicht, legt das Kind eine eigene Schnecke in die Schale. Dann ist das nächste Kind an der Reihe. Das Spiel endet, wenn die Schale leer ist. Jedes Kind zählt seine Kauris. Das Kind mit der größten Anzahl von gesammelten Schnecken hat gewonnen.

Variante

Während des Spiels legt sich das spielende Kind einen Tennisball auf den Handrücken der zweiten Hand. Fällt er während des Hochwerfens, Aufhebens oder Aufschnappens von der Hand, muss es eine Schnecke abgeben.

Stockspiel

Spiele mit wenig oder einfachem Material sind typisch für viele Völker im Regenwald. Für dieses Geschicklichkeitsspiel, das nur im Freien gespielt werden kann, findet sich das Material in jedem Wald.

Material: 2 gerade dünne Stöcke (20 und 100 cm lang)
Alter: ab 4 Jahren (mit Variante für ältere Kinder)

Auf einer ebenen Spielfläche, Wiese oder Strand graben die Kinder eine kleine Kuhle, über die sie den kleineren Stock legen. Das kleinste Kind beginnt mit dem Spiel. Es stellt sich hinter die Kuhle, die anderen warten einige Meter vor ihm. Das spielende Kind hält den langen Stock in die Kuhle und wirbelt mit einem kräftigen Ruck den kleinen Stock in die Luft. Die anderen Kinder versuchen, den Stock zu fangen, bevor er den Boden berührt. Gelingt dies einem Kind, ist es als nächstes an der Reihe. Berührt der Stock den Boden, hat das spielende Kind einen weiteren Versuch.

Variante für ältere Kinder

Bei seinem zweiten Versuch wirbelt das Kind den kleinen Stock in die Luft und versucht, mit dem großen Stock als Schläger den kleinen in der Luft zu treffen und so weit wie möglich wegzuschlagen. Die Stelle, an der der kleine Stock den Boden berührt, wird markiert. Am Ende des Spiels hat das Kind gewonnen, dessen Stock die weiteste Strecke zurückgelegt hat.

Die Jagd des Python

Rund um die Welt existieren Geschichten, in denen gigantische Schlangen eine große Rolle spielen. Ob diese Beobachtungen der Fantasie Einzelner entspringen oder doch reale Beobachtungen von ungewöhnlich großen Schlangen sind, lässt sich nicht sagen. Der in Ostasien lebende Netzpython kann erwiesenermaßen länger als zehn Meter werden. Unlängst wurde von einem 15 m langen Exemplar berichtet.
Riesenschlangen verfügen über keine Giftzähne. Mit ihren gewaltigen Körpern erdrosseln sie ihre Opfer und schlingen sie anschließend vollständig herunter. Unser Python ist allerdings überhaupt nicht gefährlich.

Alter: ab 4 Jahren

Die Jagd wird in einem großen Raum oder abgeteilten Feld gespielt. Die Kinder verteilen sich über das Spielfeld. Ein Kind spielt die hungrige Riesenschlange und geht auf die Jagd. Als gefangen gilt ein Kind, wenn die Schlange es berührt hat. Dann wächst die Schlange. Beide Kinder fassen sich an der Hand und gehen gemeinsam auf die Jagd. Sie dürfen sich beim Jagen nicht loslassen. Haben sie ein weiteres Kind gefangen, wird es Teil der Schlange und fasst die Hand des Kindes, das es gefangen hat. Während der Jagd wird die Schlange immer länger, hat aber nie mehr als zwei Hände zum Fangen zur Verfügung. Die Jagd endet, wenn alle Kinder gefangen und Teil der Schlange geworden sind.

Der Mond verdeckt die Sonne

Nr. 27
T & M: Pit Budde

1. Der Affe trinkt das Wasser.
Das Wasser wäscht die Hand.
Die Hand hält eine Mango.
Die Mango schmeckt mir gut.
Der Mond verdeckt die Sonne.

2. Der Hund verjagt die Katze.
Die Katze fängt die Maus.
Die Maus knabbert am Käse.
Der Käse hat drei Löcher.
Der Mond verdeckt die Sonne.

3. Die Mutter ruft das Kind.
Das Kind spielt auf der Wiese.
Die Wiese ist auf der Lichtung.
Die Lichtung liegt im Wald.
Der Mond verdeckt die Sonne.

Alter: ab 4 Jahren
Anzahl: mindestens 6 Kinder

Ein Kind wird zum Läufer ausgewählt. Die anderen setzen sich in einer Reihe auf den Boden und strecken ihre Füße nach vorne. Alle singen gemeinsam das Lied, in dessen Rhythmus der Läufer vor ihnen auf und ab schreitet und im Takt auf die Füße der Kinder zeigt. Der Fuß, auf den er bei den Worten „Der Mond verdeckt die Sonne" zeigt, ist aus dem Spiel. Das Kind zieht ihn unter den Körper zurück und das Spiel beginnt von Neuem. Das Kind, dessen Fuß als letzter übrig bleibt, gewinnt.

Sing-Sing-Tanz

Die Insel Papua-Neuguinea ist seit etwa 50 000 Jahren bewohnt. Die Menschen dort gehörten zu den ersten, die Getreide anbauten und Schweinezucht betrieben. Der dichte Regenwald und Gebirgszüge sorgten dafür, dass sich die Menschen voneinander isolierten und viele verschiedene Völker bildeten. Man glaubt, dass in den unzugänglichen Gebieten im Inneren der Insel noch Völker in einer Steinzeit-Kultur leben. Die Menschen auf Papua-Neuguinea sind berühmt für ihre Körper- und Gesichtsbemalung und den ungewöhnlichen Kopfschmuck. Zu einem Sing-Sing-Fest bemalen sie ihre Gesichter sorgfältig in leuchtenden Farben, tragen Bastkleidung und begleiten ihren Tanz auf mit Echsenhaut bespannten Uhrenglastrommeln.

Material: Trommeln, bunte Schminke, Kopfschmuck, Tanzkleidung
Alter: ab 4 Jahren

Die Kinder stellen sich in zwei Reihen voreinander auf. Sie sind geschminkt und tragen Tanzkleidung, Kopfschmuck und halten Trommeln in den Händen. Zum Rhythmus der Trommeln hüpfen die Kinder gemeinsam in die Höhe.

Gesichtsbemalung für den Sing-Sing-Tanz

Material: bunte Schminke
Alter: ab 4 Jahren

Je zwei Kinder schminken sich gegenseitig. Dabei bemalen sie vorsichtig das ganze Gesicht, also auch in Augen- und Mundnähe entweder einfarbig oder bunt mit Streifen und Punkten.

Kopfschmuck

Material: Stirnband (Halstuch oder Stoffrest), alter Hut, Federn, Flaumfedern, Klebstoff, Nadel
Alter: ab 4 Jahren (mit Hilfe eines Erwachsenen)

Ein Stirnband aus einem Halstuch oder einem Stoffrest um den Kopf binden und verknoten. Den Hut mit Federn und Flaumfedern verzieren. Bei größeren Federn mit der Nadel zwei kleine Löcher untereinander in den Hut stechen und den Federkiel durchstecken. Die Flaumfedern nur in ein Loch stechen und ankleben. Hut und Stirnband zusammen tragen.

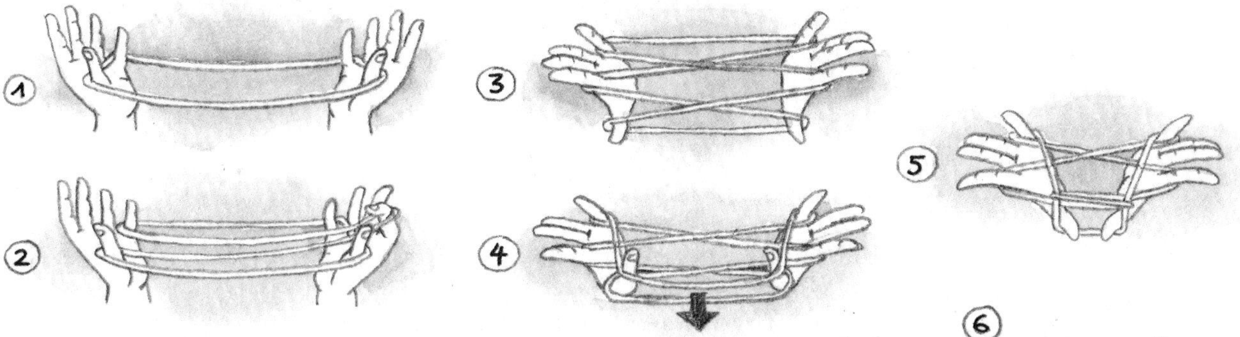

Sing-Sing-Tanzkleidung

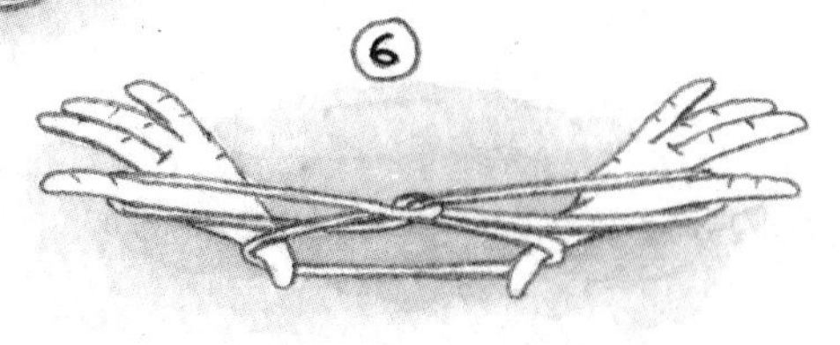

Material: Wickelrock, Gürtel oder langes buntes Tuch, Bast, große Blätter (z. B. Kastanien, Ahorn), 2 bunte Halstücher
Alter: ab 4 Jahren (mit Hilfe eines Erwachsenen)

Jungen wie Mädchen tragen einen Wickelrock. Den Gürtel oder das Tuch um die Hüften schlingen, Bast und Blätter darunter schieben und festzurren. Die Halstücher um die Oberarme binden und verknoten.

Pidgin-Englisch

Auf Papua-Neuguinea existieren mehr als 700 verschiedene Sprachen. Diese Fülle von unterschiedlichen Völkern und Sprachen ist einmalig auf unserem Planeten. In Teilen Papuas hat sich das Pidgin-Englisch als Verkehrssprache durchgesetzt. Tok Pisin, wie die Sprache dort genannt wird, entstand während der Kolonialzeit. Hunderttausende zogen zur Arbeit in die Zuckerrohrfelder und Kokosplantagen nach Samoa und Australien. Die vielen Menschen unterschiedlicher Sprachen verständigten sich über ein vereinfachtes Englisch.

Guten Morgen	***Moning***	*Good morning*
Guten Tag (früh)	***Gude***	*Good day*
Guten Tag (spät)	***Apinun***	*Good afternoon*
Gute Nacht	***Gut nait***	*Good night*
Auf Wiedersehen	***Lukim yu***	*Good luck*

Fadenspiel - Der Einbaum

Der Einbaum ist in vielen Regenwaldregionen das wichtigste Fortbewegungsmittel, die Flüsse die wichtigsten Wege durch den Urwald. Fadenspiele, bei denen Gegenstände und Tiere dargestellt wurden, waren in Papua-Neuguinea sehr beliebt.

Material: Fadenspiel oder 1 an den Enden zusammengeknotete Kordel von ca. 1 m Länge
Alter: ab 6 Jahren

- Den Faden um die beiden Daumen legen und beide kleinen Finger von unten durchstecken.
- Den rechten Zeigefinger unter die linke Innenhandschnur führen und stramm ziehen.
- Den linken Zeigefinger unter die rechte Innenhandschnur führen und stramm ziehen.
- Mit beiden Daumen den hinter dem Zeigefinger liegenden Faden aufnehmen und nach vorne ziehen.
- Die untere Schlinge der Daumen mit dem Mund über die Daumen ziehen und fallen lassen.
- Die Schlingen der kleinen Finger fallen lassen, die Hände auseinander ziehen und auf den Kopf drehen. Der Einbaum ist fertig.

Pfannkuchen aus Papua-Neuguinea

Zutaten: 2 Tassen Mehl, ½ Tl Backpulver, 1 Tasse Milch, Honig, 45 g geschmolzene Butter, 2–3 Bananen, Zitronensaft
Material: Schüssel, Rührgerät, Pfanne, Öl

Zubereitung
Zwei bis drei Bananen zerdrücken. Backpulver und Mehl in einer Schüssel vermengen. In der Mitte eine Mulde bilden, Milch, zwei Teelöffel Honig, flüssige Butter und die zerdrückten Bananen dazugeben und mit dem Rührgerät zu einem glatten Teig vermischen. In der Pfanne etwas Öl erhitzen und darin gut portionierte, kleine Pfannkuchen backen. Beginnt der Teig Blasen zu werfen, die Pfannküchlein umdrehen und von der anderen Seite backen.
Bananen in dickere Streifen schneiden. Vor dem Servieren die geschnittenen Bananenstreifen auf die Pfannkuchen legen, mit Zitronensaft besprenkeln und nach Geschmack mit etwas Honig bestreichen.

Variante
Statt Bananen können auch andere Obstsorten, z. B. Kiwis verwendet werden.

Bei Adlern und Wölfen im Gemäßigten Regenwald

Nicht nur in den tropischen Regionen der Erde existieren Regenwälder. An einigen Meeresküsten fernab der Tropen fällt so eine große Menge Regen, dass sich dort ein „Gemäßigter Regenwald“ entwickelt hat. Die gesamte Pazifikküste von Alaska bis in den Norden Kaliforniens und auf der Südhalbkugel die südliche Küste Chiles war noch vor hundert Jahren mit einem gigantischen Regenwald bedeckt. Aber auch in Australien, Neuseeland und an den Küsten Nordeuropas wuchsen diese kalten Regenwälder. Heute ist der überwiegende Teil abgeholzt und für immer verschwunden.

Die größten intakten Küstenregenwälder erstrecken sich heute entlang des Pazifiks im kanadischen British Columbia. Sie produzieren etwa 40 % mehr Biomasse pro Quadratkilometer als die tropischen Regenwälder. Es ist eine wilde Landschaft, mit Tausenden vorgelagerten Inseln, tiefen Fjorden, unzähligen Bächen und Flüssen. Der warme Pazifikstrom sorgt für ein feucht-mildes Klima mit sehr intensiven Niederschlägen. Häufig treiben Nebel oder Regen in den undurchdringlichen Wald, in dem die Bäume bis zu 100 m hoch und dreitausend Jahre alt werden können. Der Gemäßigte Regenwald ist nicht so artenreich wie der Tropische. Doch leben dort Grizzlybären, Schwarzbären, Wölfe, Weißkopf-Seeadler, Pumas, Biber und der überaus seltene Kermode oder Geisterbär, eine weiße Unterart des Schwarzbären. An den Küstenlinien leben große Mengen an Watund Wasservögeln. Die Flüsse und Küstengewässer sind voller Fischschwärme und ein idealer Lebensraum für viele Meeressäuger. Grauwale, Orcas, Seeotter und verschiedene Robben sind häufig zu beobachten. In unvorstellbaren Mengen ziehen die pazifischen Lachse in regelmäßigen Zyklen in die vielen kleinen Flüsse und Bäche des Regenwaldes, um dort abzulaichen. Sie waren und sind wesentliche Nahrungsquelle der indigenen Völker, aber auch der Bären und Adler des Regenwaldes.

Trotz der weltweiten Bedeutung seiner Biodiversität und der immensen Produktivität der Gemäßigten Regenwälder wird noch immer in großem Umfang Primärwald in British Columbia abgeholzt. Die gigantischen Urwaldriesen versprechen den multinationalen Holzkonzernen, die über Abholzlizenzen verfügen, einen ebenso gigantischen Profit. Der hochwertige Zellstoff aus dem kanadischen Regenwald wird bevorzugt zu Werbeprospekten in der westlichen Welt verarbeitet oder landet in den Baumärkten Japans und Europas als schädlingsresistentes Holz für Zäune und Gartenhäuser.

Nach langen Auseinandersetzungen zwischen Umweltschützern und indianischen Völkern auf der einen und multinationalen Holzkonzernen und den Bundes- und Provinzregierungen auf der anderen Seite ist es gelungen, zumindest an der kanadischen Pazifikküste große Wälder als Nationalparks oder Biosphärenreservate auszuweisen.

Adler, Wolf und Fledermaus

Geschichte der Tla-o-qui-aht auf Vancouver Island

Vor langer, langer Zeit, bevor sich Tiere in Menschen und Menschen in Tiere verwandelten, ging das Gerücht um, ein großer Krieg stünde bevor. Alle Bewohner der Siedlungen machten sich daran, ihre Verteidigung vorzubereiten. Die beiden Anführer gingen von Dorf zu Dorf, um ihre Krieger zusammenzurufen. Der Wolf rief seine Krieger zu sich. Der Adler rief seine Krieger ebenfalls zu sich. Beide forderten die Dorfbewohner auf, sich entweder der eigenen oder der gegnerischen Kriegsgruppe anzuschließen. So bereiteten sich alle auf den unvermeidlichen Kampf vor. Jeder wollte mithelfen, sein Dorf und sein Land zu verteidigen. Beide Seiten übten sich im Kampf mit den Waffen, im Schleudern der Speere und im Schießen mit Pfeil und Bogen. Von Tag zu Tag wurde die Stimmung bedrohlicher. Jeder spürte, der Krieg steht vor der Tür. Alle hatten sich mittlerweile einer der beiden kriegerischen Gruppen angeschlossen. Nur einer fehlte, die Fledermaus.

Fledermaus hing den ganzen Tag in seinem Versteck im tiefen Wald und kümmerte sich wenig um die Angelegenheiten der anderen Leute. Doch als er wieder einmal durch den Wald flog, sah er – niemanden! Wo waren sie alle hin? Wo waren Waschbär und Specht, Habicht und Hirsch? Er sah nicht einmal eines der fleißigen Hörnchen oder einen schwatzenden Häher. „Wo mögen sie alle geblieben sein?“, dachte Fledermaus bei sich und flog zum Ende des Waldes, einem weiten Strand, hinter dem der Ozean seine Wogen unermüdlich ans Land rollte.

Er staunte nicht schlecht. Da waren alle Tiere des Waldes. Die erste Gruppe hatte sich am einen Ende des Strandes versammelt, die zweite Gruppe am anderen. Also wollten sie wirklich Krieg gegeneinander führen. Er hatte davon gehört, aber es nicht für möglich gehalten. Er sah sofort, dass er der einzige war, der sich den Kriegern nicht angeschlossen hatte. Er fühlte sich sehr schlecht. Er konnte nicht einfach nur zuschauen, wenn das Schicksal im Wald einen Krieg heraufbeschwor.

Gerade als die verfeindeten Gruppen die Vorbereitungen für die Schlacht abgeschlossen hatten, beschloss Fledermaus, sich Adler anzuschließen.

Er flog so schnell er konnte zu der Stelle, an der Adler seine Kämpfer versammelt hatte. Er landete vor den gewaltigen Klauen des Adlers und sprach: „Großer Adler, ich bin gekommen, um mich deinen Kriegern anzuschließen. Ich werde der mutigste und schnellste deiner Kämpfer sein.“

Adler starrte Fledermaus mit seinen scharfen Augen an, als wolle er ihn durchbohren. Schließlich sagte er: „Fledermaus, du kannst nicht mit uns kämpfen, du bist kein Vogel! Geh und schließe dich den Leuten von Wolf an.“

Fledermaus konnte kaum glauben, was er gerade gehört hatte. Er war schockiert und verwirrt. Der Adler wollte ihn nicht!

Wütend flog er zum anderen Ende des Strandes, landete vor den Pfoten des großen, grauen Wolfes und rief: „Grauer Wolf, ich bin gekommen, um mich deinen Kriegern anzuschließen. Ich werde der mutigste und schnellste deiner Kämpfer sein."
Wolf schaute ihn mit seinen scharfen Augen lange an. Schließlich sagte er: „Nein, Fledermaus, du kannst nicht mit uns kämpfen, du bist keiner von uns! Du fliegst durch die Lüfte. Geh zum Adler und kämpfe mit ihm!"
Wie vom Blitz getroffen stand Fledermaus vor Wolf, enttäuscht darüber, dass auch er ihn fortschickte. Schließlich flatterte er mit seinen ledrigen Flügeln und hob sich in die Luft. Er machte sich auf den Weg, den Adler ein zweites Mal zu fragen.
„Großer Adler, ich bin gekommen, um mich deinen Kriegern anzuschließen. Ich werde der mutigste und schnellste deiner Kämpfer sein."
Adler starrte Fledermaus mit unbeweglicher Miene an. „Nein, du bist kein Vogel! Geh und schließe dich den Leuten von Wolf an."
Völlig verwirrt flog Fledermaus wieder zum Wolf, der ihn aber auch sofort wieder zurückschickte. So ging es eine ganze Weile. Schließlich flog Fledermaus verschämt in die dunkelste Stelle des Waldes und versteckte sich in einer tiefen Baumspalte.
Seit diesem Tag siehst du die Fledermaus immer von hier nach dort und von dort nach hier fliegen. Immer hin und her. Aber am Tag wirst du sie nie sehen. Bis heute schämt sie sich so sehr, dass weder Adler noch Wolf sie als Kämpfer haben wollte. Seitdem scheut sie das Tageslicht und fliegt nur noch in der Nacht, wenn kaum ein Wesen sie sehen kann.

First Nations

Eine Vielzahl von Völkern lebt in den Gemäßigten Regenwäldern der nordamerikanischen Pazifikküste. Ihre Namen sind den meisten Interessierten allerdings nicht geläufig. Wer hat schon von den Tlingit, Haida, Bella Coola, Salish, Nuu-chah-nulth oder Kwakiutl gehört? Sie haben sich nicht so spektakulär gegen die europäischen Eroberer zur Wehr gesetzt wie die Völker der großen Ebenen, der östlichen Wälder oder der Wüsten im Südwesten. Auf der anderen Seite sind sie niemals militärisch besiegt worden, haben keine Verträge unterschrieben und ihr Land niemals abgetreten. Das versetzt sie in die Lage, jetzt Prozesse gegen die Regierungen zu führen, Landrechte einzuklagen und ehemals beschlagnahmte religiöse Gegenstände zurückzufordern. Weltberühmt sind die Ureinwohner der Nordwestküste heute für ihre einzigartige Kunst: für Masken, Totempfähle, Drucke und Gemälde aus den Ateliers indianischer Künstler.

Der Regenwald und die Meeresküste boten den Ureinwohnern alles, was sie zum Leben brauchten. Für sie war es ein raues Paradies, in dem es nie zu kalt, aber auch nie zu warm wurde. Im Wald, den Flüssen und an der Meeresküste gab es Nahrung fast im Überfluss und das zu jeder Jahreszeit. Im Wald jagten sie Elche und Hirsche, sammelten Beeren und dazu Kräuter als Medizin; in den Flüssen fischten sie Lachse, die sie in großen Mengen für den Winter räucherten und trockneten; am Strand sammelten sie Muscheln, auf dem offenen Meer jagten sie Robben und Grauwale.

Für die Völker der Nordwestküste spielte die „Rote Zeder“ eine besondere Rolle. Aus diesen Bäumen bauten sie ihre Großhäuser, schnitzten Totempfähle und Masken und stellten ihre seetüchtigen Einbaum-Kanus her. Oftmals wurden die gigantischen Bäume nicht abgeholzt. Mit einer besonderen Technik schnitten die Indianer Bretter und Planken aus den Bäumen, die an diesen Stellen vernarbten und weiter wuchsen.

„Indianer“ werden die Ureinwohner Kanadas nicht gerne genannt. Sie möchten als Angehörige ihres Volkes gesehen werden. Als übergreifender Name hat sich für alle Ureinwohner der Begriff „First Nations“ (Erste Nationen) durchgesetzt, denn schließlich waren sie es, die den amerikanischen Kontinent als erste besiedelten.

Wale und First Nations

Noch heute haben die First Nations der Pazifikküste eine besondere Beziehung zu den Walen. In ihren Mythen und Geschichten spielen sie eine große Rolle. Bei manchen Völkern gelten die Orcas als Wiedergeburten verstorbener Menschen. Andere Wale waren eine wichtige Nahrungsquelle. An einsamen Buchten und Sandstränden findet man noch heute viele Walknochen. Es sind die Orte, an die Jäger mit ihrem Kanu den getöteten Wal bei Flut schleppten. Bei Ebbe lag der Wal auf dem Trockenen und wurde vom gesamten Dorf in kurzer Zeit zerlegt und weggetragen. Die Waljagd war ein wesentlicher Teil der gelebten Kultur der Nordwestküstenvölker.

Vor wenigen Jahren erlegten zum ersten Mal seit vielen Jahrzehnten Makah-Indianer wieder einen Grauwal. Ein traditionelles, seetüchtiges Kanu wurde zu diesem Zweck gebaut, es ging schließlich um das Wiedererlangen eines lange verlorenen Teils indianischer Kultur und Identität. Weiße Tierschützer betrachteten die ganze Aktion mit zwiespältigen

Gefühlen. Die Walschützer sahen mit dem Abschuss eines Wales ein Tabu gebrochen, die Indianer empfanden die Kritik als eine Art Ökokolonialismus. Sie argumentierten, dass in all den Jahrhunderten indianischen Walfangs die Anzahl der Meeressäuger niemals abgenommen habe. Die Bedrohung der Wale sei ausschließlich durch den kommerziellen, industriellen Walfang der Industrienationen bedingt.

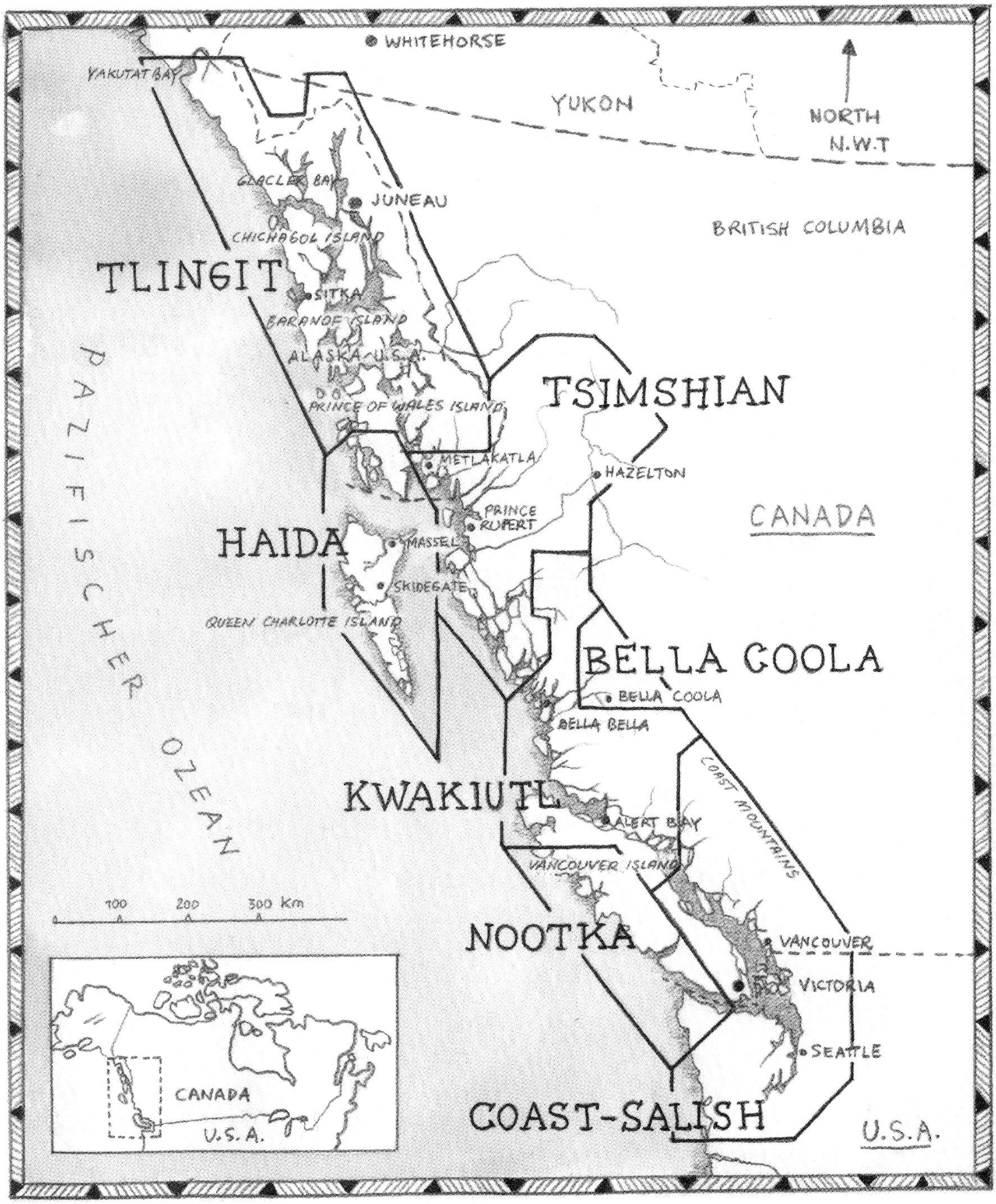

Potlach-Verschenkfest

Meist in den Wintermonaten feierten die Indianer der „kalten" Regenwälder ihre Potlach-Feste. Der Anlass konnte eine Hochzeit, eine Geburt, die Erinnerung an einen Verstorbenen oder auch die Aufnahme eines „Fremden" in die Gemeinschaft sein. Oftmals wurden Hunderte auch aus den benachbarten Dörfern eingeladen, um Zeuge des Festes zu sein. Wurde eine Hochzeit gefeiert oder ein „Fremder" aufgenommen, sollten die Besucher bezeugen können, dass all die Geschichten, Lieder und Überlieferungen der Familie und des Volkes korrekt an das neue Mitglied der Gemeinschaft weitergegeben wurden. Sie erhielten Geschenke als eine Art Bezahlung für ihr Kommen. Aber auch bei den anderen Potlach-Feiern war das Verschenken von vielfältigen Gegenständen ein wichtiger Aspekt. Das ganze Jahr über wurden sie zu diesem Zweck gesammelt oder hergestellt. Es mochten Decken, Hüte, Masken, Trommeln oder geräucherter Lachs sein. Dabei galt eine Familie, die besonders viel verschenkte, als besonders hoch geachtet.
Während des Festes tanzten verkleidete, maskierte Frauen und Männer traditionelle Szenen aus den Überlieferungen der Völker, es wurde getrommelt und gesungen.

Material: selbst gebastelte Regenwald-Dinge (z.B. Schmuck, Federn, Masken ...), großer Tisch, Papierlose, Schüssel
Alter: ab 4 Jahren

An einem bestimmten Tag, z.B. am Ende von Projekttagen oder des Schuljahres, bringt jedes Kind mindestens fünf verschiedene, selbst gebastelte Regenwald-Dinge mit in die Einrichtung. Alle Gegenstände werden durchnummeriert und auf einem großen Tisch schön aufgebaut. Zu jeder Nummer wird ein Los erstellt, welches in die Schüssel gelegt wird. Der Tisch mit den Geschenken und der Losschüssel wird an der Kopfseite des Raumes aufgebaut. So ein Potlach ist ein feierliches Fest. Daher erzählt, wenn alles vorbereitet ist, jedes Kind einzeln über das vergangene Projekt oder Schuljahr, geht dann zur Losschüssel, zieht seine fünf Lose und darf sich die Geschenke nehmen. Anschließend ist das nächste Kind an der Reihe.

Totempfahl

In alten Zeiten blickten Totempfähle von den Dörfern hinaus aufs Meer. Sie haben nichts mit den Marterpfählen aus den Erzählungen von Karl May zu tun. Am ehesten kann man sie als Wappenpfähle bezeichnen. Wer sie deuten kann, erkennt die Familienzeichen, die Verwandtschaft und sogar die Jagd- und Fischgründe der Menschen, die in dem Haus hinter dem Totempfahl wohnten. Nach der Christianisierung und der damit verbundenen Unterdrückung indianischer Kultur und Religion wurden einige Jahrzehnte lang weder Totempfähle aufgestellt, noch Masken geschnitzt. Lediglich wenige, heute legendäre Künstler und Häuptlinge wie Mungo Martin, sorgten dafür, dass diese traditionellen Fähigkeiten und Überlieferungen nicht völlig verschwanden. Wurden bis vor einigen Jahren lediglich Pfähle für Museen oder öffentliche Parks aufgestellt, so finden sich heute wieder in vielen Dörfern der Nordwestküste neue Totempfähle, ein deutliches Zeichen für das wachsende Selbstbewusstsein und die kulturelle Rückbesinnung indianischer Gemeinden.

Material: Holzpfahl, Pappmachee, Farben, Pinsel, Draht, Zange
Alter: ab 4 Jahren (mit Hilfe eines Erwachsenen)

Die Kinder suchen sich Figuren für den Totempfahl aus und modellieren sie unter Anleitung aus Pappmachee. Nach dem Trocknen die Figuren anmalen und anschließend mit dem Draht am Holzpfahl befestigen. Während eines Projektes sucht sich jede Gruppe der aufgeteilten Kinder ein Totemtier, mit dem sie den eigenen Pfahl gestaltet. Der fertige Pfahl wird im Raum an die Wand gelehnt oder im Freien in die Erde gesteckt.

Masken der Regenwald-Indianer

Bei Festen und Zeremonien spielen bei den Indianern der Kalten Regenwälder Masken eine große Rolle. Viele unterschiedliche Tiere oder mythische Gestalten werden als Masken dargestellt.

Donnervogel-Maske

Material: 2 DIN A4-Blätter weißer Bastelkarton, Schere, schwarze Farbe, Klebeband, Tacker, Klebstoff, Bast
Alter: ab 6 Jahren

Die Vorlage einmal direkt, einmal seitenverkehrt auf den Bastelkarton übertragen, ausschneiden, und die markierten Bereiche schwarz ausmalen. Nach dem Trocknen beide Teile am Schnabel mit Klebeband zusammenkleben. Aus den Resten des Bastelkartons je einen langen Streifen schneiden und zu einem Stirnband zusammentackern. Das Papierstirnband in die Maske kleben. Baststreifen vorsichtig rings um das frei bleibende Ende des Stirnbandes (am Hinterkopf) binden, so dass sie wie lange Haare wirken. Anschließend die Maske auf den Kopf setzen.

Rabenmaske

Material: 2 DIN A4-Blätter weißer Bastelkarton, Schere, schwarze Farbe, Klebeband, Tacker, Klebstoff, Bast
Alter: ab 6 Jahren

Mit der Raben-Vorlage genau wie die Donnervogel-Maske (➜ linke Spalte) basteln.

Maskentanz – Aufnahme in die Gemeinschaft (Initiation)

Wurde ein Fremder in die Gemeinschaft aufgenommen, gab es ein spezielles Ritual, womit er besänftigt wurde und sich zu einem gleichwertigen Mitglied des Volkes veränderte. Dazu musste zuerst alles Schlechte aus ihm verscheucht werden. Rabentänzer nahmen ihn an die Hand und tanzten zum Klang von Trommeln und Gesang im Kreis. Die Raben schlugen an bestimmten Stellen des Rituals kräftig mit ihren Schnäbeln aufeinander, um das Böse zu erschrecken und zu verjagen. Der Fremde heulte und schrie daraufhin. War dies einige Male geschehen, übernahm ein anderer Rabentänzer, dessen Maske nicht beweglich war, den Tanz, nahm den Fremden bei der Hand und besänftigte jetzt das neue Mitglied der Gemeinschaft.

Material: Rabenmasken (➔ S. 110) für jedes Kind, Trommeln, Rasseln, Holzklatsche
Alter: ab 4 Jahren

Neue Kinder sollen in die Gemeinschaft aufgenommen werden. Ein Teil der „alten" Kinder übernimmt die Trommeln und Rasseln und bleibt außerhalb des runden Tanzfeldes; die restlichen „Alten" setzen ihre Masken auf. Die Raben suchen ein „fremdes Kind" aus, ein Rabe nimmt es beschützend bei der Hand. Der Tanz beginnt mit Trommeln, Rasseln und Gesang, das Paar tanzt oder schreitet im Kreis, die anderen Raben folgen den beiden, ein Rabe hat die Klatsche in der Hand. Alle tanzen um das Paar herum und versuchen, das „neue" Kind zu erschrecken. In einem überraschenden Augenblick werden die Bretter der Klatsche hart aufeinander geschlagen, das „neue" Kind antwortet mit einem lauten Schrei oder Geheul. Nach zwei Tanzrunden beruhigen sich die Raben. Einer nach dem anderen nimmt das „neue" Kind an die Hand und tanzt mit ihm ein kleines Stück des Weges gemeinsam. Nach zwei weiteren Runden bekommt das jetzt in die Gemeinschaft aufgenommene Kind eine eigene Maske von den Raben. Es sucht sich unter den anderen „Fremden" ein Kind aus, nimmt es als Beschützer an die Hand, und der Tanz beginnt von vorn. Das Spiel ist beendet, wenn jedes „fremde" Kind in die Gemeinschaft aufgenommen ist und seine eigene Maske erhalten hat.

Das Kanu der Nordwestküste

Die Völker der Pazifikküste waren meisterhafte Seeleute, die mit großer Erfahrung die oftmals gefährlichen Gewässer ihrer Heimat befuhren. Ihre Kanus sind „Einbäume“, die aus dem Stamm der Roten Zeder gefertigt werden. Mit Messern, Hacken und Feuer höhlten sie den Stamm aus. Es gab kleinere Kanus, mit denen sie in Küstennähe jagten, aber auch große, seetüchtige Boote, die zum Walfang auf dem offenen Meer genutzt wurden. An den geräumigen Kanus war ein großes Bugstück befestigt, das die Wellen brach und die Jagd sogar bei hohem Wellengang ermöglichte. Einige Völker verzierten ihre Kanus mit mythischen Figuren.

Kommt mit zum Strand

Nr. 22

T & M: Pit Budde (nach einem Lied der Nuu-chah-nulth aus Vancouver Island)

Lieder, die beim Paddeln gesungen wurden, hatten eine große Bedeutung. Näherte sich ein Kanu einem fremden Dorf, so begannen die Menschen, sobald sie in Sichtweite der Siedlung kamen, im Kanu zu singen. Der Gesang und die Lieder symbolisierten ihre friedlichen Absichten. Näherte sich im Gegensatz dazu ein Kanu ohne Gesang, bedeutete dies Angriff. Das Dorf bereitete sich schnell auf seine Verteidigung vor.
Manchen Liedern war ein Gedicht vorgestellt, das einer der Sänger vortrug, bevor das eigentliche Lied begann. Das Lied selbst war oft ohne Worte. Lautmalerisch begleitete die Melodie den Rhythmus der paddelnden Kanuten.

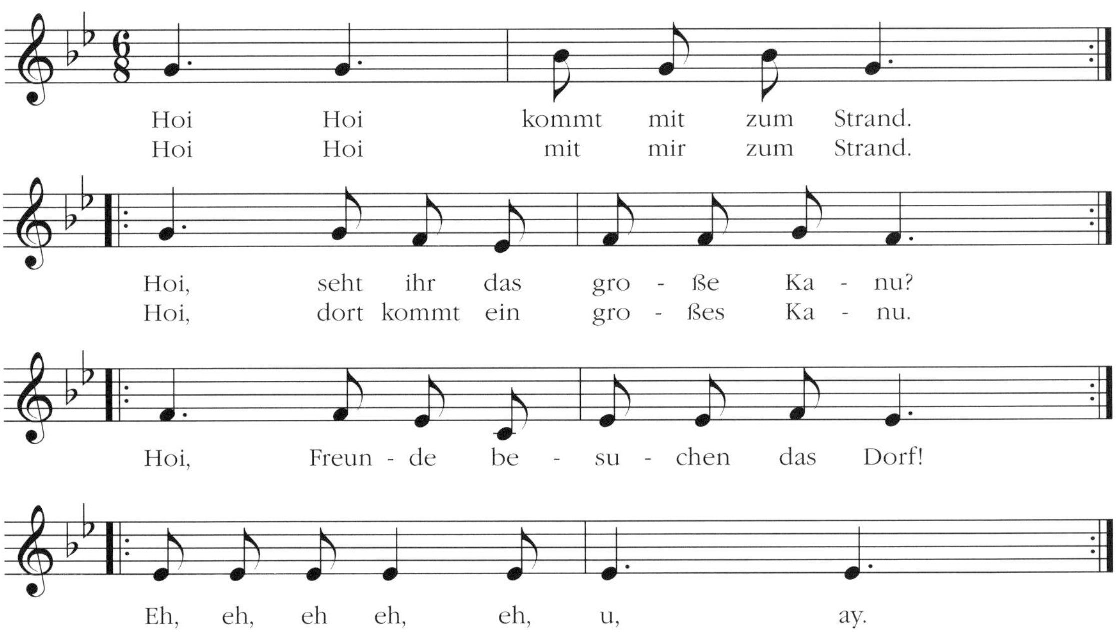

Die Trommel beginnt, der Einleitungstext wird vorgetragen:

Seid still, ich höre Stimmen,
ganz schwach sind sie, kommen von weit,
weit her aus der unendlichen Ferne des Stillen Ozeans.
Ist es nur die Erinnerung an längst vergangene Tage?
Nein, ich höre die Donnertrommel,
ich höre den Gesang vieler Stimmen.
Sie werden lauter und kommen näher.
Ist dies die Wirklichkeit?
Ist dies ein Traum?
Der Traum füllt sich mit Leben.
Ich höre Menschen auf dem Meer,
sie kommen im Kanu und singen ihr Paddel-Lied.
Um die Landzunge paddeln sie.
Kommen endlich in Sicht!

Jetzt setzen alle Sängerinnen und Sänger ein und spielen den Paddel-Tanz:

Hoi Hoi kommt mit zum Strand.
Hoi Hoi mit mir zum Strand.
Hoi, seht ihr das große Kanu?
Hoi, dort kommt ein großes Kanu.
Hoi, Freunde besuchen das Dorf!
Hoi, Freunde besuchen das Dorf!
Eh, eh eh, eh, eh, u, ay.

Hoi Hoi tragt sie an Land.
Hoi Hoi über den Sand.
Hoi, feiern wir heute ein Fest.
Hoi, sie zu begrüßen ein Fest.
Hoi, holt eure Masken zum Tanz.
Hoi, holt eure Masken zum Tanz.
Eh, eh eh, eh, eh, u, ay.

Kanu-Tanzschritt

Dieser Tanzschritt imitiert die Bewegungen beim Kanufahren. Die Stechpaddel werden im gemeinsamen Rhythmus aus dem Wasser über den Kopf gehoben, ins Wasser gestochen und nach hinten gezogen. Hier ist der Schritt für ein Lied im 4/4-Takt beschrieben.

Bei der 1: mit dem linken Fuß einen Schritt nach vorn, gleichzeitig das Paddel über den Kopf heben.
Bei der 2: leicht mit den Knien wippen.
Bei der 3: mit dem rechten Fuß einen Schritt nach vorn, gleichzeitig das Paddel ins Wasser stechen und nach hinten ziehen.
Bei der 4: leicht mit den Knien wippen.

Paddel-Tanzschritt

Beim Paddelschritt imitieren die Kinder den umgekehrten Weg des Stechpaddels im Wasser. Jeweils ein Fuß stapft in einem angedeuteten Halbkreis nach vorn.

Bei der 1: mit dem rechten Fuß aufstampfen.
Bei der 2, 3 und 4: im angedeuteten Halbkreis den linken Fuß nach vorne bewegen.
Bei der 1: mit dem linken Fuß aufstampfen.
Bei der 2, 3 und 4: im angedeuteten Halbkreis den rechten Fuß nach vorne bewegen.

Kanu-Tanz

Einige Kinder trommeln den Rhythmus, alle singen gemeinsam. Der Kanu-Tanz kann abwechselnd mit beiden erlernten Schrittfolgen getanzt werden.

Material: 1 Stechpaddel oder langer Stock für jedes Kind, Trommeln mit Schlägel
Alter: ab 4 Jahren

Die trommelnden Kinder stellen sich mit den Gesichtern zu den tanzenden Kindern am Ende des Raumes auf. Die Tänzer und Tänzerinnen formen am entgegengesetzten Ende des Raumes zwei parallele Reihen, so dass alle in Richtung der Trommeln schauen. Sobald die Trommeln erklingen, beginnt der Tanz. Beim Tanz achtet jedes Kind auf seinen Nachbarn. Nur wenn sich alle gleichmäßig bewegen, kommt das Kanu gut voran. So paddeln die Kinder durch den Raum bis zu den Trommlern. Dort angekommen ruft das erste Paar „Whoop". Daraufhin ändern die Kinder die Richtung und tanzen rückwärts zum Ausgangspunkt des Tanzes.

Willkommensritual (im Kanu an Land tragen)

Kamen Freunde aus den benachbarten Dörfern als Gäste zu einer Zeremonie oder freundlich gesinnte Fremde zu Besuch, wurden sie von den Indianern der Nordwestküste mit einem besonderen Ritual willkommen geheißen. Das ganze Dorf ging zum Strand, um die Gäste zu empfangen. Kam ihr Kanu in das seichte Gewässer, so liefen ihm viele Männer entgegen. Dann trugen sie das Kanu mitsamt seiner Insassen feierlich an Land, ohne dass die Gäste mit den Füßen das Wasser berührten.

Material: 2 Getränkekästen o.Ä., stabiles Brett (2 m lang), 3 stabile Bretter (1,5 m lang)
Alter: ab 4 Jahren (unter Aufsicht)

Im Freien das lange Brett, als Ersatz für ein Kanu, auf die beiden Getränkekästen legen. Einige Kinder, die Besucher, setzen sich längs, mit herunterhängenden Füßen auf das Brett. Die anderen Kinder gehen langsam auf sie zu und stimmen ein Begrüßungslied an. Drei kräftige Kinder tragen die restlichen Bretter. Während die meisten Kinder die Fremden feierlich mit Gesang begrüßen und um das Kanu schreiten, stellen sich sechs kräftige, etwa gleich große Kinder an beiden Seiten neben das Kanu. Sie schieben die Bretter unter das Kanu, so dass sie an beiden Seiten gleich lang hervorragen. Auf ein Zeichen heben sie gemeinsam die drei Bretter und damit das Kanu mit den Fremden an. Während die anderen Kinder weiter singen und um das Kanu tanzen, schreiten die sechs mit dem Kanu langsam in den Raum der heimischen Kinder.

Muschelrassel

Neben Trommeln waren Rasseln die beliebtesten Musikinstrumente der Nordwestküstenindianer. Die Materialien für ihre Herstellung sammelten sie am Strand oder in den Wäldern.

Material: 8 große Muschelschalen (z.B. Jakobsmuscheln), Handbohrer, fester Gartendraht, Zange, buntes Band
Alter: ab 4 Jahren (mit Hilfe eines Erwachsenen)

In jede Muschelschale vorsichtig ein Loch bohren. Den Draht zu zwei gleich großen Ringen biegen und miteinander verdrehen. Die Muscheln einzeln und versetzt auf die entstandenen Ringe fädeln. Das bunte Band um den Draht als Griff binden und verknoten.

Taino Tee

Nr. 26

T. & M.: trad. Arawak / dt. T.: Pit Budde / Amharischer T.: Josephine Kronfli

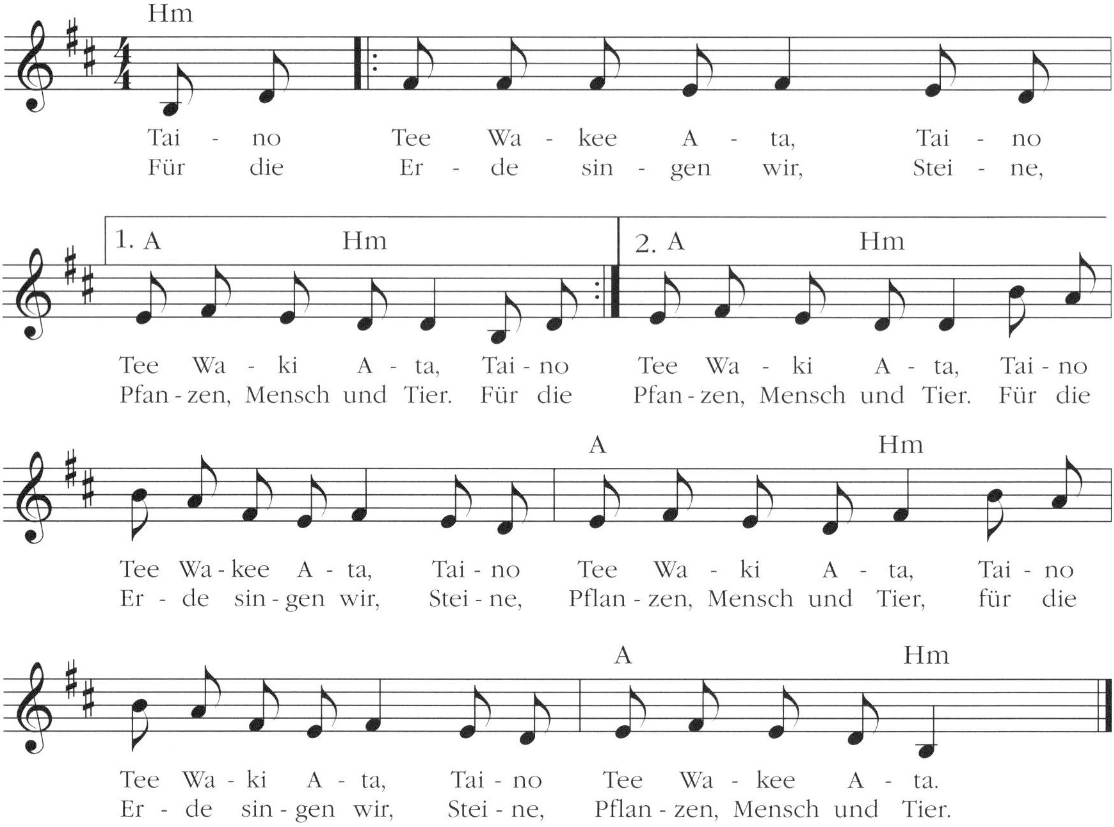

Taino Tee Waki Ata, ...

Für die Erde singen wir,
Steine, Pflanzen, Mensch und Tier.

Taino Tee Waki Ata, ...

Kibir le Zaf, le Insissa, le Atikilt, le Terrara
Kibir le Wonz, le Hager, le Sew lij, besich Alem.

Taino Tee Waki Ata, ...

To the Mother Earth we raise
Our voices, songs of praise.

Taino Tee Waki Ata, ...

Übersetzung
Respekt dem Baum, Respekt den Tieren, den Pflanzen, den Bergen.
Respekt den Flüssen, dem Land, den Menschen auf dieser Erde.

Der Rabe findet die ersten Menschen (Theaterstück)

Material: Bühne mit schwarzem Hintergrund und einer nicht zu hellen Beleuchtung, Bühnenbild mit Sonne, Bäumen, Felsen etc., 1 Rabenmaske (➜ S. 110), 1 schwarzer Umhang, schwarze Kleidung für den Raben, bunte, fantasievolle Kleidung und Schmuck für die Menschen, 1 große, helle Decke, Indianerkleidung für den Sprecher oder die Sprecherin, Trommeln und Rasseln
Alter: ab 4 Jahren

Ein Kind übernimmt die Rolle des Sprechers, ein anderes spielt den Raben, einige weitere Kinder die Menschen. Die Menschen liegen versteckt unter der Decke und rühren sich nicht. Trommeln und Rasseln liegen schön dekoriert in einer anderen Ecke der Bühne.
Der Rabe kommt auf die Bühne, schlägt mit den Flügeln und fliegt suchend über die Bühne.
Der Sprecher setzt sich an den Bühnenrand und liest vor. Der Rabe und die Kinder unter der Decke spielen den gesprochenen Text pantomimisch nach:

Als es noch keine Menschen auf der Erde gab, da flog der Rabe schon lange Zeit über das Land. Jeden Tag hielt er Ausschau nach Dingen, die er noch nicht kannte. Doch es gab immer nur die gleichen Dinge: den Mond, die Sonne, das Meer, die Flüsse, tiefe Wälder, Sümpfe und einige wenige Tiere. Der Rabe fühlte sich sehr einsam und dachte: „Wenn ich nur etwas Gesellschaft hätte, dann müsste ich mich nicht an jedem Tag so sehr langweilen."
Eines Tages, der Rabe flog gerade über einen weiten Sandstrand, entdeckte er etwas Neues: eine große Muschel, die sich durch den Sand schob und dabei ein unheimliches Glucksen von sich gab.
Die Kinder bewegen sich unter der Decke und machen unheimliche Geräusche, sind aber noch nicht zu sehen.
Da der Rabe von Natur aus ein sehr neugieriger Vogel ist, landete er neben der großen Muschel und wartete ab, was sich wohl ereignen würde.
Die Kinder rumoren unter der Decke, ohne sich zu zeigen.
Nach einer Weile verlor der Rabe die Geduld und klopfte mit seinem Schnabel auf die Muschelschale.
Der Rabe klopft mit dem Schnabel erst vorsichtig, dann immer ungeduldiger auf die Decke.
Schließlich öffnete sie sich ein wenig und es schauten ein paar kleine Menschen heraus.
Einige Kinder stecken ihre Köpfe ins Freie und schauen sich neugierig um.
Doch sie erschraken sehr, als sie den unendlichen blauen Himmel und das gewaltige Schwarz des Raben erblickten. Schnell sprangen sie zurück in ihre Muschel.
Die Kinder kriechen wieder unter die Decke.
Doch wie ihr wisst, spricht der Rabe mit vielen Stimmen. Laut und rau kann er krächzen, aber auch sanft und lieblich singen wie das Plätschern eines Baches im tiefen Regenwald. Er wählte seine allerschönste Stimme, schmeichelte den Menschen und überredete sie mit den sanftesten Worten, die Muschel zu verlassen, um die Erde zu besiedeln.
Der Rabe krächzt mal laut und fürchterlich, dann singt er ein ganz sanftes Lied. So geht es hin und her, bis der erste Mensch unter der Decke hervorkriecht.
Erst kam einer, dann der nächste und nach und nach purzelten alle Menschen aus der Muschel auf den Strand. Alle redeten durcheinander, waren fröhlich und schüttelten den Sand von ihren Körpern.
Nach und nach kriechen alle unter der Decke hervor, hüpfen, springen und umarmen sich.

Der Rabe war glücklich und stolz darauf, die ersten Menschen entdeckt zu haben. Er sang ihnen ein wunderschönes Lied zur Begrüßung. Die Menschen sangen mit ihm. Dann verbreiteten sie sich nach und nach über die Inseln und entlang der Küste.
Der Rabe stimmt das Lied: „Taino Tee" (➜ S. 116) an, die Menschen nehmen Trommeln und Rasseln, umringen ihn und stimmen ein. Gemeinsam singend verlassen sie gegen Ende des Liedes die Bühne.

Indianertrommel

Die Indianer der Pazifikküste benutzen wunderschön bemalte Rahmentrommeln bei ihren Tänzen und Festen. Sie sind besonders begehrte Geschenke bei der Potlach-Feier (➜ S. 108). *Da Rahmentrommeln mittlerweile in Musikgeschäften günstig angeboten werden, beschränken wir uns auf das Bemalen einer gekauften Trommel.*

Material: Rahmentrommel (ø 30 bis 50 cm), Kopiervorlagen Nordwestküsten-Design (➜ Abb.), Transparentpapier, Bleistift, Schere, Tesafilm, schwarze und rote Farbe, Trommelstock oder 1 dünner, gerade gewachsener Ast, Watte, Waschleder
Alter: ab 4 Jahren (mit Hilfe eines Erwachsenen)

Eines der Designs in entsprechender Größe mit dem Bleistift auf das Transparentpapier übertragen und ausschneiden. Mit Tesafilm auf die Trommel kleben und die Umrisse mit Bleistift auf das Trommelfell übertragen. Die Schablone entfernen und die Innenlinien auf die Trommel zeichnen und anschließend mit schwarzer und roter Farbe ausmalen.
Erst auf der Trommel spielen, wenn die Farbe vollständig getrocknet ist.

Für den Trommelstock ein rundes Stück Waschleder mit einem Durchmesser von ca. 10 cm ausschneiden. Entlang des Randes ein 0,5 cm breites Lederband schneiden. Das runde Stück Waschleder über das Ende des Trommelstocks ziehen und mit dem Lederband fest verknoten.

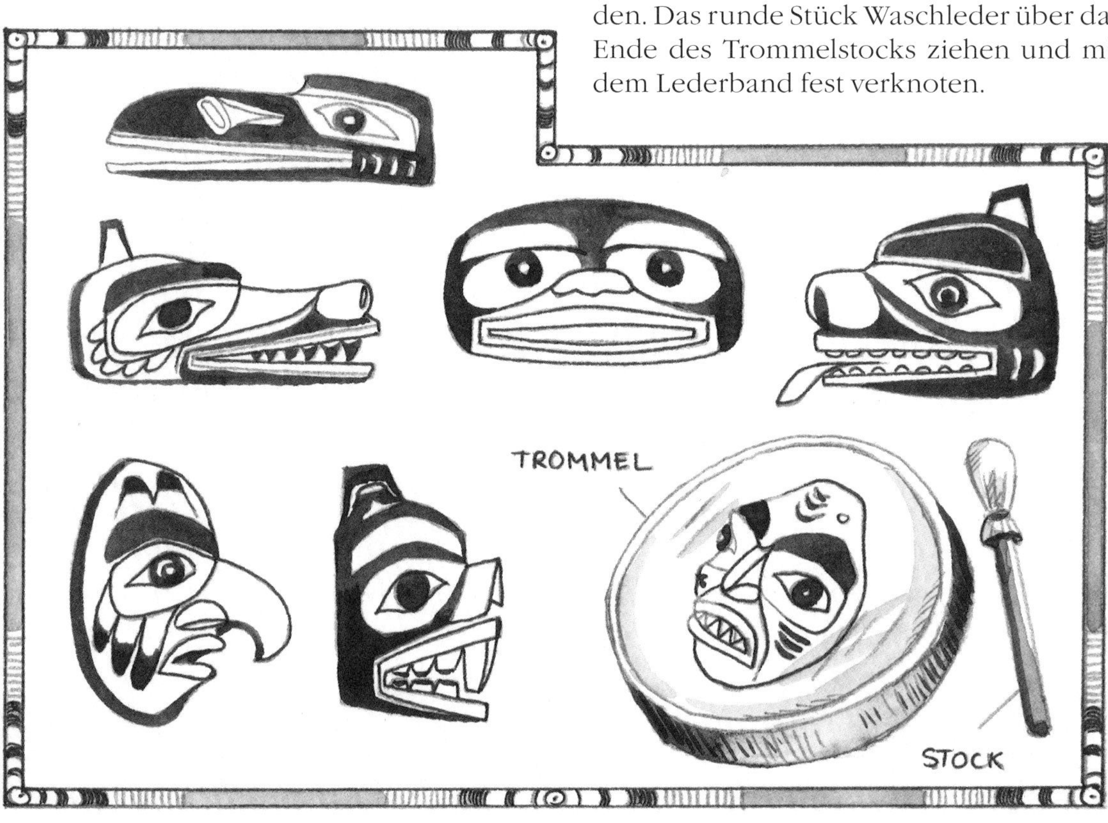

Regenwald-Projekttage

Wir beginnen den Tag jeweils mit einem gemeinsamen Regenwaldfrühstück (➜ S. 44). Für jeden Tag kann ein Programm zusammengestellt werden:

1. Tag: Regenwald: Informationen, Geschichten, Lieder und Spiele
2. Tag: Südamerika und Afrika (Geschichten, Basteln, Essen, Spiele und Tanz, ➜ ab S. 49)
3. Tag: Zoo-Besuch bzw. Besuch des Botanischen Gartens (➜ S. 36), Regenwaldtiere und -pflanzen suchen und besprechen, anschließend die Tiere und Pflanzen malen.
4. Tag: Asien und der Gemäßigte Regenwald (Geschichten, Basteln, Spiele und Tanz, ➜ ab S. 88)
5. Tag: Regenwaldfest: Eltern, Geschwister und Freunde, Pressevertreter, eventuell Umweltorganisationen einladen.

Aktivitäten:

a. Regenwald-Essen – eventuell teilweise in den Familien vorbereiten (➜ S. 44).
b. Eine Ausstellung mit allen Basteleien aufbauen.
c. Mit den Gästen ein Regenwald-Lied einüben (z.B. S. 28)
d. „Die Flügel des Schmetterlings" (➜ S. 8) in verteilten Rollen vorlesen.
e. Theater: „Der Rabe findet die ersten Menschen" (➜ S. 117) vorspielen.
f. Ausgewählte Spiele und Tänze aufführen.
g. Zum Abschied ein gemeinsames Lied mit Tanz (➜ S. 86), bei dem die Erwachsenen mitmachen sollen.
h. Eventuell Spenden sammeln und/oder Basteleien verkaufen. Mit dem Geld ein Stück Regenwald kaufen und das Zertifikat in der Einrichtung aufhängen.

Was können wir tun?

Können wir Menschen, Tieren und Pflanzen im Regenwald helfen?
Können wir den Regenwald schützen?

Es gibt viele Möglichkeiten, um den Regenwald zu schützen, die Vielfalt der Tierarten und Pflanzen zu erhalten. Es gibt auch viele Möglichkeiten, um die Ureinwohner, die Regenwald-Völker, zu unterstützen, denn sie sind die „Wächter der Regenwälder".

- Wir können gemeinsam mit Umweltschutz-Organisationen kleine Grundstücke im Regenwald kaufen. Viele kleine Grundstücke ergeben so große geschützte Gebiete, in denen nicht gejagt werden darf und in denen nicht abgeholzt wird.
- Wir können uns selbst in Umwelt-Organisationen engagieren und uns so für den Erhalt der Regenwälder einsetzen.
- Wir können darauf achten, dass in unserer Umgebung, in der eigenen Wohnung, im Kindergarten, in der Schule keine Hölzer aus dem Regenwald benutzt werden.
- Wir können, wenn immer es möglich ist, Altpapier benutzen, z.B. als Schulhefte, Briefumschläge, Schreibpapier, Küchen- und Toilettenpapier.
- Wir können uns bemühen, weniger Papier zu verbrauchen, damit nicht noch mehr Wälder auf der Welt abgeholzt werden.
- Wir können Kontakt aufnehmen zu Kindern oder Schulen in anderen Ländern, die ebenfalls den Regenwald schützen möchten und von denen manche sogar im Regenwald leben.

Adressen

AmazonWatch (englisch), One Hallidie Plaza, Suite 402 San Francisco, CA 94102
amazon@amazonwatch.org, http://www.amazonwatch.org
Schwerpunkt Amazonasregenwald; unterstützt die Rechte und das Überleben der Indigenen des Amazonas.

Bruno-Manser-Fonds (BMF), Schweiz, Verein für die Völker des Regenwaldes
info@bmf.ch, http://www.bmf.ch
Informationen über Holzeinschlag, Waldzerstörung und den Kampf der Ureinwohner Sarawaks.

COICA – IndigenenDachverband Amazoniens (spanisch, niederländisch, portugiesisch)
http://www.coica.org/, com@coica.org
Selbstdarstellung, Infos und wichtige Adressen der Aktivisten.

Forest Action Network (englisch), Great Bear Rainforest Office, Box 625, Bella Coola, Nuxalk Territory, BC, Canada V0T 1C0
info@fanweb.org, http://www.fanweb.org/
Das Netzwerk setzt sich für die Erhaltung der Urwälder in den USA und Kanada ein; sein Schwerpunkt ist der Great Bear Rainforest an der Westküste Kanadas.

Forum Umwelt und Entwicklung, Am Michaelshof 8–10, 53117 Bonn
info@forumue.de, http://www.forumue.de
Ein Zusammenschluss von NRO aus dem entwicklungs- und agrarpolitischen Bereich, sowie von Vertretern aus Umwelt- und Naturschutzverbänden.

Friends of Clayoquot Sound, Box 489, 331Neill St. Tofino BC VOR 2ZO
info@focs.ca, www.focs.ca
Lokale Umweltorganisation, die sich für den Erhalt des Regenwaldes im Clayoquot Sound einsetzt.

GAIA Forest Conservation Archives (englisch)
http://forests.org/
Infozentrum und gut sortiertes Archiv zu Wäldern weltweit.

Global 2000, Wien, Fluschützerstr.13, 1120 Wien
office@global2000.at, http://www.global2000.at
Hier geht's um Regenwald und um vieles mehr …

Greenpeace e.V., Greenteam, D-22745 Hamburg
mail@greenpeace.de, www.greenpeace.de
Die weltweit bekannteste Umweltorganisation beschäftigt sich seit vielen Jahren mit den Regenwäldern.

Informationsstelle Peru e. V., Postfach 1014, 79010 Freiburg
http://www.infostelle-peru.de, merk@infostelle-peru.de
Themen: Menschenrechte, Regenwald (Asháninka Indianer), Schulden, Tourismus, Bergbau, Städtepartnerschaft

Klima-Bündnis / Alianza del Clima e. V. – Climate Alliance, European Secretariat, Galvanistr. 28, D-60486 Frankfurt am Main
europe@klimabuendnis.org, http://www.klimabuendnis.org
Ein Zusammenschluss europäischer Städte und Gemeinden, die eine Partnerschaft mit indigenen Völkern der Regenwälder eingegangen sind.

Native Forest Network (englisch), P.O. Box 8251, Missoula, MT 59807 nfn@wildrockies.org, http://www.nativeforest.org/
Das Netzwerk setzt sich für die Erhaltung der Urwälder besonders in Nordamerika ein.

OroVerde, Stiftung zur Rettung der Tropenwälder, Kaiserstr. 185–197, 53113 Bonn
info@oroverde.de, www.oroverde.de
Unterstützt weltweit Projekte zum Schutz der Regenwälder. Hat eine eigene Kinderwebsite: www.oroverde.de/mib/

Pro Regenwald e. V., Frohschammerstr. 14, D-80807 München, prmunic@amazonas.comlink.apdc.org, www.pro-regenwald.org
Fördert Projekte u. a. in Brasilien, Costa Rica und Kamerun.

Rainforest Action Network (englisch), 221 Pine Street, 5th Floor, San Francisco, CA 94104 USA, rainforest@ran.org, http://www.ran.org/
Bedeutende Regenwaldschutz-Organisationen mit aktuellen Meldungen, Berichten, Projekten etc.

Rettet den Regenwald e. V., Friedhofsweg 28, D-22337 Hamburg, info@regenwald.org, www.regenwald.org
Der Verein fördert Projekte in Lateinamerika, Afrika und Ostasien und bietet die Möglichkeit, Regenwald zu kaufen! Es wird dafür eine spezielle Urkunde ausgestellt.

Robin Wood e. V., Postfach 102122, D-28021 Bremen, geschaeftsstelle@robinwood.de, www.robinwood.de
Gewaltfreie Aktionsgemeinschaft für Natur und Umwelt. Vertreibt Schulhefte aus 100 % Altpapier!

Taiga Rescue Network (englisch), Box 116 Ajtte, SE-96223 Jokkmokk, Sweden http://www.taigarescue.org
Zentrum für den Schutz borealer Wälder.

The Silva Forest Foundation (englisch) P.O. Box 9, Slocan Park, British Columbia, Canada V0G 2E0
silvafor@netidea.com, http://www.silvafor.org
Sehr viele gute Informationen zum Thema nachhaltige Waldbewirtschaftung.

Urgewald,
Von-Galen-Str. 4, 48336 Sassenberg
heffa@urgewald.de, www.urgewald.de
Die Organisation unterstützt Waldprojekte in der ganzen Welt und betreibt gezielte Lobbyarbeit.

Western Canada Wilderness Committee (englisch), 227 Abbott Street, Vancouver, BC, V6B 2K7 Canada info@wildernesscommittee.org
Kämpft für den Erhalt der Regenwälder in Britisch Kolumbien, Kanada.

World Rainforest Movement (englisch/spanisch), Movimiento Mundial por los Bosques Tropicales, Maldonado 1858,11200 Montevideo – Uruguay wrm@wrm.org.uy, http://www.wrm.org.uy/index.html
Ein Zusammenschluss von Nord-Süd-Gruppen zum Schutz der Regenwälder weltweit. Infos zu verschiedenen Kampagnen der Gruppen.

Anhang

Register

Spiele: Normalschrift
Bastelaktionen: fett
Rezepte: kursiv
Lieder, Tänze und Geschichten: unterstrichen

Literatur

Pit Budde, Josephine Kronfli: Fliegende Feder. Ökotopia Verlag, Münster 1998

Pit Budde, Josephine Kronfli: Karneval der Kulturen. Ökotopia Verlag, Münster 2001

Dr. Wade Davis, Thom Henley: Penan, Voice for the Borneo Rainforest. Western Canada Wilderness Committee, Vancouver 1990

Roland Garve: Unter Amazonas-Indianern. F. A. Herbig Verlagsbuchhandlung, München 2002

Theresa Greenaway: Regenwald. Gerstenberg Verlag, Hildesheim, 1995

Günther Hartmann: Xingú. Dietrich Reimer Verlag, Berlin 1986

Tim Knight: Reise in den Regenwald. Beltz Verlag, Weinheim 2001

Francis Mazière: Parana. Kosmos, Stuttgart 1957

Andrea Mertiny: Der Regenwald. Tessloff Verlag, Nürnberg, 1999

Dale A. Olsen und Daniel E. Sheehy Hrsg.: The Garland Encyclopedia of World Music Volume 2. Garland Publishing, New York 1998

Paula Palmer: Taking Care of Sibö's Gifts. Editorama, San José, Costa Rica 1993

Rettet den Regenwald e.V.: Regenwald Report Magazin

Gustaaf Verswijver: Kaiapo. Museum für Völkerkunde, Frankfurt am Main 1995

Gustaaf Verswijer: Mekramoti. Prestel-Verlag, München 1996

Erich Wustmann: Xingu. Neumann Verlag, Leipzig 1983

Die AutorInnen und die Illustratorin

Pit Budde, Musiker, Autor und Journalist; produziert CDs und Radiosendungen mit ethnischen Musiken; hat als Interpret, Musiker und Produzent mehr als 50 Tonträger veröffentlicht; Auftritte Solo oder mit Band in Deutschland, Frankreich, Finnland, Polen, Tansania, Äthiopien und Sambia; führt Aktionen interkulturellen Lernens in Schulen und Kindergärten durch.

Josephine Kronfli, Diplom-Biologin, Ausstellungsmacherin, Museumspädagogin, Musikerin und Autorin; geboren in Addis Abeba, Äthiopien; lebt seit 1982 in Deutschland. Gemeinsam mit Pit Budde gründete sie 1997 die Gruppe KARIBUNI, mit der sie erstmals in Deutschland das Konzept einer „Weltmusik für Kinder“ umsetzten. Sie haben für den Ökotopia Verlag sechs Bücher geschrieben und elf CDs herausgebracht.

Vanessa Paulzen, Jg. 1970, Studium Kommunikationsdesign an der Universität Essen mit Schwerpunkt Grafik/Illustration. Illustrationen für zahlreiche Bücher, im Ökotopia Verlag u. a. aus den Reihen „Kinder spielen Geschichte“ und „Auf den Spuren fremder Kulturen“. Vanessa Paulzen lebt in Düsseldorf und ist auch als freie Künstlerin tätig.

Kinder spielen Geschichte

Floerke + Schön

Markt, Musik und Mummenschanz

Stadtleben im Mittelalter

Das Mitmach-Buch zum Tanzen, Singen, Spielen, Schmökern, Basteln & Kochen

ISBN (Buch): 978-3-931902-43-8
ISBN (CD): 978-3-931902-44-5

H.E.Höfele, S. Steffe

Der wilde Wilde Westen

Kinder spielen Abenteurer und Pioniere

ISBN (Buch): 978-3-931902-35-3
ISBN (CD): 978-3-931902-36-0

Jörg Sommer

OXMOX OX MOLLOX

Kinder spielen Indianer

ISBN: 978-3-925169-43-4

Bernhard Schön

Wild und verwegen übers Meer

Kinder spielen Seefahrer und Piraten

ISBN (Buch): 978-3-931902-05-6
ISBN (CD): 978-3-931902-08-7

Im KIGA, Hort, Grundschule, Orientierungsstufe, offene Kindergruppen, bei Festen und Spielnachmittagen

Auf den Spuren fremder Kulturen

Die erfolgreiche Reihe aus dem Ökotopia Verlag

H.E. Höfele - S. Steffe

Kindertänze aus aller Welt

Lebendige Tänze, Kreis-, Bewegungs- und Singspiele rund um den Globus

ISBN (Buch): 978-3-936286-40-3
ISBN (CD): 978-3-936286-41-0

P. Budde, J. Kronfli

Regenwald & Dschungelwelt

In Spielen, Liedern, Bastelaktionen, Geschichten, Infos und Tänzen die faszinierende Welt der Regenwälder erleben

ISBN (Buch): 978-3-936286-96-0
ISBN (CD): 978-3-936286-97-7

Monika Rosenbaum

Pickadill & Poppadom

Kinder erleben Kultur und Sprache Großbritanniens in Spielen, Bastelaktionen, Liedern, Reimen und Geschichten

ISBN (Buch): 978-3-936286-11-3
ISBN (CD): 978-3-936286-12-0

WELTMUSIK FÜR KINDER

Kinderweltmusik im Internet

www.weltmusik-fuer-kinder.de

Comenius Siegel 2005

H.E. Höfele, S. Steffe

In 80 Tönen um die Welt

Eine musikalisch-multikulturelle Erlebnisreise für Kinder mit Liedern, Tänzen, Spielen, Basteleien und Geschichten

ISBN (Buch): 978-3-931902-61-2
ISBN (CD): 978-3-931902-62-9

Pit Budde, Josephine Kronfli

Wer sagt denn hier noch Eskimo?

Eine Reise durch das Land der Inuit mit Spielen, Liedern, Tänzen und Geschichten

ISBN (Buch): 978-3-936286-73-1
ISBN (CD): 978-3-936286-74-8

P. Budde, J. Kronfli

Panda – Orca – Känguru

Wie die wilden Tiere leben – Kinder begegnen Tieren aus aller Welt in Spielen, Liedern und Geschichten

ISBN (Buch): 978-3-86702-075-6

Und dazu der Tonträger
ISBN (CD): 978-3-86702-076-3

Hartmut E. Höfele

Europa in 80 Tönen

Eine multikulturelle Europareise mit Liedern, Tänzen, Spiele und Bräuchen

ISBN (Buch): 978-3-931902-87-2
ISBN (CD): 978-3-931902-88-9

Pit Budde, Josephine Kronfli

Hano Hanoqitho

Frühling und Osterzeit hier und anderswo

Ein internationaler Ideenschatz mit Spielen, Liedern, Tänzen, Geschichten, Bastelaktionen und Rezepten

ISBN (Buch): 978-3-936286-56-4
ISBN (CD): 978-3-936286-57-1

Susanne Steffe, Hartmut E. Höfele

Mit 80 Kindern um die Welt

So leben Kinder anderswo: Bunte Geschichten, Lieder und Spielaktionen

ISBN (Buch) 978-3-86702-052-7
ISBN (CD) 978-3-86702-053-4